권사,
그 영광스러운
직분

권사, 그 영광스러운 직분

초판 1쇄 _ 2020년 6월 3일
초판 3쇄 _ 2025년 3월 31일

지은이　이만규
펴낸이　박종태
펴낸곳　비전북
출판등록　2011년 2월 22일(제2022-000002호)

마케팅　강한덕 박상진 박다혜 김석현
관리　정광석 박현석 김신근 조용희 이용주 전경성
경영지원　김태영 최영주
주소　경기도 파주시 월롱산로 64
전화　(031) 907-3927
팩스　(031) 905-3927

디자인　디자인집 02-521-1474
인쇄　예림인쇄

공급처　(주)비전북
전화　(031) 907-3927
팩스　(031) 905-3927

ISBN　979-11-86387-38-2

권사,
그 영광스러운
직분

이만규 지음

비전북

감사의 글 ～②ゝ

『장로의 헌신, 장로의 영광』에 이어서 권사의 교회 섬김을 안내하는 이 책 『권사, 그 영광스러운 직분』을 내어놓습니다. 이 땅에 복음이 들어온 지 겨우 2세기를 맞는 우리 한국교회가 괄목할 만한 성장으로 우리 사회에 큰 역사를 이루는 자랑스러운 교회가 되었습니다.

그러나 여기저기에서 들리는 잡음으로 인해 우리 스스로를 돌아보아야 할 반성이 요구되는 때이기도 합니다. 그동안 한국교회의 오늘이 있게 한 교회 지도자들의 수고를 간과할 수 없지만 이제는 겸손히 우리 스스로를 돌아볼 필요도 있습니다. 무엇보다 중요한 것은 교회 지도자들 스스로 자신의 현재의 좌표를 다시 확인하고 제자리를 찾아 바로 서서 새 역사를 만들어 가는 것이라고 생각합니다.

그래서 온전한 헌신, 바른 섬김으로 권사의 직분이 영광스러운 직분이 되게 하기를 원하는 마음으로 이 책을 내어놓게 되었습니다. 미미한 시도에 지나지 않지만 작은 파장이 되어 한국교회가 더욱 온전한 교회로 세워지게 되기를 바랍니다.

권사는 이름 없이 빛도 없이 교회를 섬겨 오늘의 우리 교회를 이루어 온 한국교회의 믿음의 그루터기입니다. 그러나 마치 지도가 없는 여행처럼, 나침반이 없는 항해처럼 헌신만 강조되었을 뿐 권사의 섬김에 대한 친절한 안내가 부족했습니다. 그래서 자기 열심과 소견으로 교회를 섬김으로써 권사가 자기 자리를 찾지 못하고 교회의 또 하나의 명예나 권력 구조로 변질되었습니다. "권사로 세워 놓고 자리는 안 주느냐?"며 권사에 합당한 중요한 직임을 맡겨 달라고 항변하는 교회의 또 하나의 불만 세력이 되었다는 웃지 못할 상황까지 왔습니다. 권사는 교회 안에서 어떤 자리를 부여받는 것이 아니라 섬김의 자리를 찾아 이름 없이 빛 없이 섬기는 직임임을, 섬김은 자리가 아니라 헌신임을 안내하지 못해서 비롯된 일입니다. 그래서 바른 섬김으로 귀히 쓰이는 권사가 세워지기를 원하는 마음으로 이 책을 씁니다.

이 책 역시 예배와 설교 아카데미 대표이신 김현애 교수님의 기획과 도서출판 "비전북" 대표이신 박종태 장로님의 주선으로 집필되었음을 밝히며 감사를 드립니다.

또한 한국목회사역연구소(KPMI) 이사장 이종만 장로님과 부이사장 김형준 목사님과 박재언 장로님, 그리고 실무를 도맡아 연구소를 꾸려 오신 총무이사 황인돈 목사님의 수고와 여러 이사님들과 연구원들의 격려로 집필되었음을 밝히며 감사드립니다. 그리고 여러 분주한 일로 가장의 책임을 다하지 못함에도 늘 기도로 나의 후원자가 되는

아내 정유찬과 자랑스러운 딸 신희(정훈), 신실한 아들 종명(민영)에게
도 늘 감사한 마음입니다.

 책의 출판을 위해 애써주신 출판사 "비전북" 대표이신 박종태 장로
님과 관계자 여러분들의 수고도 감사로 기억합니다. 이 책이 한국교
회를 섬기는 권사님들의 좋은 안내서가 되기를 바라는 마음입니다.

2020년 3월, 새봄을 맞으며
한국목회사역연구소
소장 이만규 목사

목 차

권사, 그 자랑스러운 직분

저희 교회가 전통적인 교회의 좋은 유산을 보존하면서도 새로운 변화에 대한 실제적 변화는 직분자에 대한 의식과 선출 기준을 비롯한 과정이 달라지고 난 후부터였습니다. 이러한 변화는 교육과 비전의 공유와 훈련을 통하지 않고서는 힘든 일이었습니다. 그러면서도 고민이, 직분의 성경적인 것과 전통적인 것을 갖고 있으면서도 새로운 시대에 맞게 소개하는 직분자에 대한 신앙적 훈련교재의 부재였습니다.

저만 그런 것이 아니라 여러 목회자들로부터도 동일한 질문과 요청을 받았습니다. 우리 교회 나름대로 커리큘럼을 만들어서 훈련을 했지만 그래도 잘 정리된 교재가 있었으면 좋겠다는 필요를 느꼈습니다. 물론 교재들이 있지만 늘 갈급했습니다.

이번에 우리 교계 원로이신 이만규 목사님께서 오랜 목회 경험을 바탕으로 장로 직분에 대한 책에 이어서 권사 직분과 훈련에 대한 가이

드북을 만들어 주셨습니다. 책의 구성 자체가 직분과 권사에 대한 것을 잘 정리했을 뿐 아니라 목회자들이 교회와 현실에 맞게 재구성할 수 있는 많은 아이디어와 영감을 얻을 수 있도록 되어 있습니다. 문제 중심의 지적보다는 목회자의 관점에서 요청하고 싶은 것을 잘 담아내었을 뿐 아니라 문제 속에 담긴 창조적인 내용을 잘 제시함으로써 목회자와 평신도가 함께 동역하는 마음과 자세를 공감 있게 소개하고 있습니다. 자랑스러운 직분이 아니라 자랑스러운 직분이 되기 위해서 어떻게 해야 할지를 교단을 넘어서 성경적이면서도 현실적으로 잘 설명해 주고 있습니다.

앞으로 한국교회는 엄청난 변화 앞에 직면해야 할 것입니다. 이 과정에서 정말 필요하고 소중한 것은 잘 보존되면서 새로운 시대에 맞는 의식과 제도와 직분이 조화를 이루는 무엇인가를 갈망한다면 이 책을 통해서 작은 계단을 만들어 나가도 좋을 것이라는 확신을 가지고 감히 추천합니다.

동안교회 담임목사
국제 코스타 본부 이사장
김형준 목사

쓰임 받는 권사의 필독서

오늘도 수많은 책들이 출판되고 있는 가운데 참 좋은 책 한 권을 권사의 필독서로 추천합니다. 출판된 책이 독자들을 감동시키고 공감하게 한다면, 그리고 생각을 변화시켜 삶의 방향을 바로잡아 준다면 참 좋은 책이라고 할 수 있을 것입니다.

이런 책인 『권사, 그 영광스러운 직분』을 자신 있게 추천합니다. 저자 이만규 목사님은 언제나 책을 읽고, 글을 쓰기를 좋아하셔서 글을 쓰는 것이 너무 행복하다고 입버릇처럼 말씀하시는 분입니다. 오랫동안 가까이에서 지켜본 이목사님은 주변 사람들을 비판하는 것을 들어본 적이 없습니다. 이목사님은 바로 이런 인격의 소유자이십니다. 다른 사람을 세워 주고 칭찬해 주기를 좋아하는 분 말입니다.

이만규 목사님은 40여 년간 목회를 하시면서 수집한 자료와 쓰신 원고, 그리고 소장하고 있는 엄청난 분량의 책들을 정리하여 후배들

에게 목회자료로 제공하고, 그동안의 목회 경험과 지혜를 공유함으로
써 한국교회와 후배 목회자들에게 작은 선물이라도 남기고자 하는 마
음에서 한국목회사역연구소를 설립하고, 두 번째 열매로 이 책을 출
간하게 되었습니다.

이 책은 권사라는 직분이 무엇이며, 권사의 신앙적·교회법적 자격
과 정체성, 권사가 감당해야 할 직무, 권사를 어떻게 선택하고 훈련하
고 임직하는가에 대해 서술하고 있습니다. 또한 이 책은 권사의 섬김
의 바른 자세, 권사가 어떻게 살고 어떻게 믿어야 하는가, 권사는 어
떤 모습으로 교회와 교우들을 섬겨야 하는지를 교훈하고 있습니다.

원고의 한 문장 한 문장을 정독하면서 바울이 사랑하는 믿음의 아
들 디모데에게 권면한 간절함이 보였고, 권사의 섬김과 헌신을 통해
한국교회를 바로 세우고자 하는 이목사님의 부르짖음이 들렸습니다.
이렇게 배우고 훈련받은 권사만 있다면 '많은 사람들이 작금의 현실
을 한국교회의 위기라고 하는 이 위기를 극복할 수 있겠구나' 하는 생
각을 했습니다.

무엇보다도 저자의 40여 년간의 목회생활을 통해서 권사와의 관계
에서 느끼고 기대했던 목회 현장에서의 경험을 토대로, 권사의 바람직
한 교회 섬김에 관하여 목회적 관점에서 서술하고 있습니다.

이 책은 목회자의 지근거리에서 목회자의 교회 섬김의 보조자로서
의 권사가 자신의 역할을 다함으로 건강한 교회를 세우고 이 땅에 하
나님 나라를 확장하는 데 기여하게 하여 하나님께 영광을 돌리고 하

나님의 뜻을 이루는 데 쓰임 받는 권사로 세우기 위해 꼭 필요한 길잡이가 될 것을 확신하면서, 시무 중인 분들과 특별히 임직을 준비하시는 분들의 교육자료로 활용되기를 기대하면서 정중하게 추천합니다.

한국목회사역연구소 이사장
예장통합 제100회기 회계
평북노회 전노회장
아름다운교회 원로장로
이종만 장로

기뻐하며 감사하며 축하합니다

『권사, 그 영광스러운 직분』 출판을 기뻐하며 감사하며 축하합니다.

30여 년을 같은 교회에서 함께 교회를 섬겼던 저자의 이 책은 목회 현장에서 실무를 통해 절감한 권사직에 대한 바른 이해와 영광스러운 봉사에 대한 저자의 기대이면서 소망을 담은 참으로 중요한 권사들에 대한 안내서입니다. 이 책은 시무 중에 어렵고 힘든 교회 현장에서의 여러 고비들을 슬기롭게 헤쳐 나가면서 교회 건강을 위해 정확한 교회 행정과 교회 치리를 보여주신 저자의 목회 지도력과 철학이 담겨 있습니다.

저자를 도와 다년간 권사로, 또 장로로 교회를 섬기면서 목회의 동반자로 교회 치리와 행정을 동역한 경험을 가진 추천자는 필자의 목회 현장에서의 생생한 기억들을 이 책을 통하여 다시 경험하게 되었고, 이 책은 권사만이 아니라 교회를 바로 섬기기를 원하는 모든 봉사자의 교회 섬김의 바른 정신과 태도, 그리고 가장 효과적이고 선한 방법을 배울 수 있는 책이라고 생각합니다.

저자가 지적한 대로 권사는 그동안 한국교회 역사에서 교회를 섬기는 영광스러운 직분이고, 오늘의 한국교회를 세우는 일에 중추적인 역할을 감당해 왔습니다.

특히 목사님들의 목회의 든든한 후원자가 되어 왔던 권사는 영광스러운 직분이었습니다. 그러나 근래에 와서 권사 역시 또 하나의 교회 권력이나 명예로 이해되고 교회 갈등을 유발하는 사례가 발견되는 등 권사의 위상이나 역할, 특히 섬김에 대한 바른 이해와 훈련이 필요함을 절감하는 때에 권사에 대한 정확한 안내서가 출판됨은 우리 한국교회를 위한 또 하나의 축복이 아닐 수가 없습니다.

이 책은 이미 권사가 된 사람들이 스스로를 돌아보아 자신의 권사직을 어떻게 영광스럽게 세워 나갈 수 있을까를 배울 수 있는 권사의 자기 점검과 바른 섬김의 안내서가 될 것이며, 이제 권사가 되려는 사람은 권사직이 얼마나 영광스러운 직분이고 그 직분을 위해 무엇을 어떻게 준비하여야 하고 어떤 자격을 갖추어 어떻게 섬겨야 하는가, 그리고 무엇보다 교회 지도자로서 권사 스스로의 신앙과 바른 섬김을 위해 어떤 권사가 되어야 하는가에 대한 친절하고 또 정확한 지침서가 될 것입니다.

시무를 은퇴하고서도 끊임없이 한국교회를 염려하고 바로 세우려는 노력을 계속하는 필자의 교회 사랑에도 감사하며, 여기 담겨 있는 교회 사랑의 열정을 더 많은 교회 지도자들이 함께 나눌 수 있기를 바랍니다. 좋은 책을 추천할 수 있음을 감사드립니다.

신양교회 장로

여전도회전국연합회 전회장

박인자 장로

책머리에

　"교회에서 가장 무서운 사람"이라는 글을 인터넷에서 읽은 기억이 난다. 교회에서 가장 무서운 사람은 "새벽기도에 오래도록 한 번도 빠지지 않고 참석한 집사님, 40일 금식기도를 다녀온 권사님의 눈길이 가장 무섭다"고 한다. 왜냐하면 "집사님의 머릿속에는 목사와 장로들의 새벽기도에 빠진 횟수와 날짜가 정확하게 기록되어 있고, 권사님의 시선에는 '너는 왜 금식기도를 하지 않느냐?'는 무언의 질타가 섞여 있기 때문"이라고 한다.

　권사(勸士, exhorter), 그 영광스러운 직분, 그 인자한 이미지의 권사가 요즘은 이런 무서움의 이미지로 변질되어 가는 것 같아 아쉽다. 헌신의 상징인 권사라는 직분이 이름 없이 빛도 없이 교회를 섬기고 성도들을 돌보는 성도들의 어머니, 목사의 든든한 후원자이며 목회의 실질적인 동역자로서의 이미지가 흐려지는 것 같아 불안하다.

한국교회 권사는 헌신의 상징이며, 교회의 인자한 어머니, 기도의 어머니의 대명사였다. 어디서든 "권사님"이라는 이름만 들어도 푸근한 어머니 같은 느낌을 주는 것이 '권사'라는 직분이다. 특히 교역자들의 희생과 헌신을 가장 깊이 이해해 주고 힘이 되어 주는 동역자요, 목사의 가장 든든한 우군이 바로 권사이다.

저자가 처음으로 목회를 시작하면서 생활비에 턱도 없이 부족한 사례비를 받고 목회를 할 때도 굶지 않도록 보살펴 주신 분이 바로 권사님이었다. 새벽기도에 오시면서 조금씩이라도 가져다주시는 권사님의 식량 공급은 마치 엘리야를 위하여 까마귀를 보내주신 하나님의 보살핌으로 이해된 때도 있었다.

그런데 요즘 와서 권사가 제일 무서운 부류의 직분으로 그 역할이 변질된 이유는 무엇일까? 그 영광스러운 권사의 직분, 그 푸근한 동역자로서의 권사가 마치 목사의 감독자가 되고 목회를 간섭하는 부류의 직분으로 이해되는 이유가 무엇일까? 언제나 그렇듯이 그 직분에 대한 잘못된 이해와 역할의 오해에서 비롯되었을 것이다.

요즘 교회 직분이 '섬기는 종'의 직분이기보다는 또 하나의 '교회 권력' 구조로 변질되어 가는 세속적 경향이 그 원인이 아닐까 생각된다. 그것 역시 일차적으로 권사의 직임을 잘못 가르치거나 혹은 가르치지 못한 목회자들의 책임이 아닐까 생각한다. 실제로 한국교회에는 권사의 직임과 역할에 대한 안내서가 변변치 못하고 교회 역시 제직 훈련이나 권사에 대한 직분 훈련이 있기는 하지만 충분치 못하고, 많은 경우 권사가 되기 위한 형식적인 통과의례에 그치는 경우가 많이 있다. 직분을 받기 위한 과정으로서의 훈련 정도이니, 과정만 있고 그 훈련에 대한 충분한 평가나 자격 유무를 판단할 아무런 장치도 없는 형편이다. 그래서 그 영광스러운 직분이 의무나 헌신이 없는 또 하나의 교회의 권력 구조가 되어 버린 인상이 짙다.

따라서 권사의 그 "영광스러운 직분"의 참 의미를 찾고, 또 권사들의 헌신을 의미 있게 하며 교회를 세우는 데 도움이 되었으면 하는 마음으로 권사의 섬김에 대한 안내를 위해 이 책을 낸다.

1
권사, 그 영광스러운 직분

1) 교회와 직분

교회는 주님을 머리로 하고 성도들을 지체로 하는 그리스도의 몸인 믿음의 공동체이다. 교회가 공동체이기 때문에 교회 역시 그 공동체 (단체)를 이끌어 갈 조직이 필요하다. 그래서 교회법은 당회, 노회, 총회라는 치리회를 정하고 있고, 그 치리회를 통하여 교회의 행정과 권징이 집행되도록 하고 있다.

교회는 그 사명과 책임을 감당하기 위하여 시스템을 움직여 갈 적당한 직분과 그 직분을 맡을 직분자가 필요하다. 그래서 교회는 목사, 장로, 집사, 권사 등의 여러 직분자를 선출 또는 임명하여 교회 사역을 감당하게 하고 있다. 이는 단지 교회의 필요를 따라 인위적으로 만든 조직이나 직분이 되어서는 안 되며, 직분마다 성경적인 의미가 있음을 알고 또 직분의 거룩성을 지켜나가야 한다. 직분의 필요와 의의, 직분의 목적과 사역, 그리고 각 직분의 고유한 사명과 책임 등이 분명해야 한다.

많은 경우 직분에 대한 바른 인식과 의의에 대한 잘못된 이해와 적용으로 혼란을 야기하고, 때로는 갈등이 유발되어 교회를 어렵게 하기도 한다. 그래서 직분자로 임직되기 위해서는 자신이 맡을 직분에 대한, 특히 부르심에 대한 바른 이해가 전제되어야 한다.

교회가 성도들을 지체로 하여 이루어진 주님의 몸이지만 이 몸인 교회를 이루고 있는 지체가 되는 성도들은 완전한 존재가 아니다. 비록 좋은 신앙을 가지고 있더라도 사역을 위해서는 자기 직분에 대한 이해와 직능, 그리고 역할에 대하여 잘 알고 있어야 한다. 그러나 그렇지 못한 경우도 많이 있어 교회의 거룩성이 훼손되거나 사역에 차질을 빚는 경우가 종종 있다. 교회 역시 사람들의 조직으로 이루어지는데 그 조직을 이루는 사람이 부족함으로 조직 그 자체 역시 늘 불완전한 것이 사실이다. 그러므로 모든 직분자는 겸손히 늘 자신을 온전히 드릴 수 있도록 영적으로, 그리고 사역의 실제에 있어서 준비되어야 한다.

근본적으로 직분은 주님의 몸된 교회를 온전히 세우기 위해 하나님께서 허락하신 영적인 은사이다. 곧 인간 능력이나 수단에 의한 것이 아니라 교회 공동체를 위한 하나님의 거룩하신 뜻을 이루어 가는 수단으로 세워지는 것이다. 그래서 직분 역시 하나님의 교회를 위하여 주님께서 부르시고 세우신 사람들에 의하여 세워지고 또 헌신되어야 한다.

모든 직분은 하나님의 부르심에 대한 응답이며 고백으로 수행되어야 한다. 직분자로 선택받는 일이 비록 당회의 추천이나 성도들 각자의 개인적인 판단으로 선택되는 것이기는 하지만 우리는 그것을 하나님의 뜻이라고 믿으며, 사람들이 선출하여 세운 직분이기보다는 하나님의 부르심과 세우심으로 이해한다. 그리고 직분을 임직하고 임직을 받는 것 역시 하나님의 부르심에 대한 순종으로 이해한다. 직분은 하나님을 향한 헌신을 의미하기 때문에 선출 과정이나 임직 과정에서 교회가 행한 여러 절차들 역시 하나님의 뜻에 대한 순종이라 믿는다. 그래서 직분자는 하나님의 교회를 위하여 하나님이 부르시고 선택하시고 세우신 것으로 이해한다.

직분 수행은 하나님의 부르심에 대한 순종이다. 그래서 직분을 받는 것은 어떤 명예나 권리 행사를 위해 그 자리에 오르는 것이 아니라 도리어 교회를 위하여 짐을 지는 것이고 부르심에 순종하여 자신을 드리는 것(헌신)이다. 그것은 교회의 머리가 주님이신 것을, 교회가 주님의 몸인 것을 인정하는 신앙적 고백이 전제되어야 한다.

주님의 피로 값 주고 사신 거룩한 공동체인 교회는 그 모든 조직이나 제도, 그리고 사역이 교회의 머리가 되시는 주님의 뜻을 이루기 위하여 존재하고 그 뜻에 순종하는 것이어야 한다. 교회의 직분 제도의 존재 이유 역시 교회 공동체 스스로의 목적이나 지체를 이룬 성도들의 생각으로 움직여서는 안 된다. 비록 성도로 부름 받아 교회의 지체가 되었어도 인간은 늘 인간으로서의 약점에서 자유로울 수 없고, 비록 구원을 받았지만 남아 있는 죄성(罪性)에서 완전히 자유하지 못하기 때문이다.

교회 직분자는 자신의 목적을 따라 자신의 방법으로 일하는 사람이 아니라 부르심을 받은 대로 부르신 이(주님)의 목적을 따라 주님의 방법으로 일하는 사람이다. 그래서 직분자의 언행은 개인의 능력이나 개인의 주장을 따르는 것이 아니라 말씀에 의해서 행사되어야 한다.

2) 직분에 대한 기본 이해

오늘의 한국교회를 이루어 온 주역은 바로 교회 직분자들이다. 직분자들의 헌신이 오늘의 한국교회를 세워 왔다. 반면에 오늘 한국교회의 많은 문제의 원인도 직분자들로 인해서 발생한다. 오늘의 한국교회가 일부 긍정적이지 못한 평가를 받고 비판을 받는 중요 이유도 역시 그 책임이 제직들에게 있다. 그 이유가 여러 가지 있지만 그 중에 하나가 제직들의 자기 직분에 대한 잘못된 인식 때문이라고 할 수 있다. 곧 직분을 하나의 권력(교권)으로 생각한다거나 어떤 명예나 계급으로 이해하기 때문이다.

사실 한국교회는 직분자도 그렇고 성도들이나 교회를 잘 알지 못하는 불신자들조차도 교회 직분을 교회생활의 상하관계로 이해해서 교회 안에서의 교권 획득이나 위계질서를 형성하는 계급으로 이해한다. 일반적으로 교회에서 목사가 제일 높고 그 다음이 장로이고 그 다음이 권사나 집사, 그리고 가장 낮은 교회 계급을 서리집사로 인식하는 경우가 있다. 그래서 항존직, 그 중에서도 장로가 되면 교회 안에서 출세를 한 것으로 이해한다. 오랫동안 신앙생활을 하면서도 '성도'라는 칭호를 부끄럽게 생각하는 분들이 많이 있다. 성도는 교회 안에서 아무 벼슬도 못한 가장 낮은 계급의 사람으로 생각하고 서리집사라도 임명받지 못하면 교회 안에서 자신의 존재감을 인정받지 못한다는 서운한 마음을 가진다. 직분은 교회 봉사를 위한 직임이지만 봉사가 불가능한 경우에도 항존직이 되고 싶어 하고, '서리집사'라도 임명받아야 자신의 존재를 인정받는다고 생각한다. 그래서 한국교회는 권사, 집사 등의 사역과 무관하게 '명예'를 세워 주는 제도를 만들기에 이르렀다. 사역을 맡을 만한 여건은 안 되지만 '성도'로 부르기보다 '명예'라도 붙여서 직분자로 불러 주는 것이다. 어떤 분은 자신의 묘비에 성도로 쓰기에 창피하니 '명예'집사라도 임명해 달라고 요청하기도 한다. 교회 직분을 교회 안의 어떤 계급 정도로 이해하는 경우이다.

사실 기독교인으로서 가장 영광스러운 칭호가 '성도'이다. 목사도 성도이고 장로도, 권사도 다 성도인데 성도를 직분을 받지 못한 가장 낮은 계급의 교인으로 이해하는 것이 문제이다. 그래서 교회 출석 후 2년 정도는 평신도로 있어도 괜찮으나 2년만 지나면 서리집사 임명을 기다리고 임명에서 누락되면 섭섭해 하기 시작한다. 열심 있는 여성도일 경우는 권사가 되는 것이 교회생활의 목표가 되고, 조금 열심 있는 남성도는 안수집사나 장로의 코스에 들어서기를 바란다. 많은 경우 장로나 권사 등 항존직분자가 되는 것을 권력의 획득 정도로 생각해서 속된 표현이기는 하지만 "권사 땄다", "장로 땄다"는 표현까지 사용하는 사례를 보기도 한다. 많은 경우 장로나 권사 등 항존직 선거에 깊은 관심을 갖게 되고, 어떤 경우에는 장로 선거에서 피택되지 않아서 실망을 하고 수십 년을 섬긴 교회를 떠나 이웃교회로 가버리는 안수집사도 있다고 한다. 또 어떤 교회에서는 중직자가 되기 원하는 사람들에게 금전적 헌신을 공공연히 요구하는 경우도 있어서 비난거리가 되기도 하는 것이 오늘 교회 직분에 대한 오해요 문제이다.

결코 그렇지 않다. 교회에서 목사가 제일 높고 그 다음 장로, 그 다음이 권사나 집사 그런 계급이 아니다. 직분은 직능, 곧 맡은 사역이 다를 뿐이다. 물론 교회는 목사와 장로로 치리회를 구성하기 때문에 장로가 되어야 교회 행정과 권징을 담당할 수 있지만 그것 역시 계급이 아니라 직능이다. 항존직분자일수록 책임과 의무가 더 많아진다.

직분은 계급이 아니다. 모든 직분은 다 봉사를 위한 직임이고 교회를 위한 책임이다. 그래서 교회는 그 직분을 '청지기'라고 명명한다. 청지기(οικονομοσ)는 "권리는 없고 책임"만 있는, "주인이 아니고 일을 맡은 관리자"라는 의미이다. 사실 모든 사람은 자신의 삶도 청지기로 살아가야 한다. 하나님께서는 "하나님의 형상으로 인간을 창조하시고" 인간을 이 땅에서 하나님의 대리자로 삼으셨다. 그래서 인간은 이 땅에서 "생육하고 번성하여 땅에 충만하고, 땅을 정복하고, 땅을 다스리라"(창 1:27-28)고 하는 사명을 받았다. 인간은 하나님의 명을 따라서 가축과 공중의 새와 들의 모든 짐승에게 이름을 붙여 주기도 하였다(창 2:19). 곧 인간은 하나님의 대리자로, 이 땅의 청지기로 살아가도록 창조되었다.

특히 교회의 선택을 받아 항존직분자로 임직을 받은 권사는 무슨 일이든 청지기 의식을 가지고 하나님께로부터 교회를 위해 위임받은 모든 사역을 담당하고 봉사해야 한다. 무엇보다 중요한 청지기 의식은 자신의 직분이 하나님의 은혜로 주어진 것임을 명심하고 자기에게 권사직을 맡긴 하나님의 뜻을 따라서 권사의 책임을 다하여야 한다. 곧 자신의 의도나 생각 혹은 자신의 방법이나 목적이 아니라 언제나 하나님의 뜻을 따라야 한다.

또 명심해야 할 것은 모든 직분은 다 소중하고 존귀한 직임이라는 것이다. 섬김과 헌신을 위해 특별히 부름 받은 청지기이기 때문이다. 모든 직분자는 자기 욕심이나 목적을 위하여 일하는 사람이 아니라 하나님의 교회를 위해 헌신하도록 부름 받은 사람이다. 물론 직분자만 소중하고 존귀한 것은 아니다. 건강 등 여러 가지 이유로 직분을 감당하기 어려워 직분을 맡지 못한 성도들이 직분과 관계없이 동일하게 소중하고 귀하다. 따라서 청지기의 중요한 덕목 중 하나는 늘 겸손해야 한다는 것이다.

3) 항존직과 서리직(임시직)

일반적으로 안수를 받아 임직한 직분(목사, 장로, 집사, 권사)을 항존직이라고 하고, 1년 임기로 임시로 임명되는 '서리집사'나 아직 목사 안수를 받지 못한 교역자인 '전도사'를 임시직이라고 한다. 교회 모든 직분이 다 안수를 받고 평생을 하나님께 드리기로 서원한 항존직이어야 하지만 여러 형편과 이유로 안수하여 세울 수 없지만 사역에 동원되어야 할 성도들을 임시직인 서리집사나 전도사로 임명하여 교회 사역에 동참시킨다. 거의 모든 교회가 항존직분자만으로는 사역을 다 감당하기 어렵기 때문에 사역을 보완하기 위하여 서리집사를 임명하기도 한다.

항존직분자는 70세 정년까지 직분을 수행하는 일종의 종신직이기는 하지만 직분 자체가 그 사람의 신분이나 교회 봉사자로서의 어떤 자격을 수여하는 것이 아니라 직무를 위하여 직분을 일정기간 동안(70세까지) 맡기는 것이다. 물론 항존직분자일지라도 여러 이유로, 곧 자신이 더 이상 직분을 수행할 수 없을 때나 건덕상의 이유로 면직을 권고받았을 때 그 직분을 사임할 수 있고 또 면직될 수도 있다. 이사나 기타 사정으로 교회를 떠나 다른 교회로 갈 경우에도 그 직분은 유지가 되지만 시무는 해임되고 섬길 교회에서 다시 피택받고 취임을 해야 시무할 수 있다. 곧 그 직분이 교회 섬김을 위한 것이지 교회 안에서 어떤 신분의 상승이 아니라는 말이다. 교회의 모든 직분은 교회 봉사를 위해서 임직

되고 유지되며, 필요에 따라 다른 새로운 직분으로 봉사할 수도 있다.

그럼에도 직분을 교회 내의 어떤 신분이나 계급 혹은 교권의 획득으로 이해하여 권위주의가 되고 기득권이 되어 버릴 때 문제가 생긴다. 이런 문제는 권사보다는 장로에게서 더 많이 일어나고, 많은 교회가 교회의 교권 문제로 갈등을 야기시키고, 선교의 동력을 약화시키고, 지역사회의 지탄을 받고, 어린 성도들을 낙심하게 하는 요인이 되기도 한다. 생각 없는 직분자들이 교회에서 "누가 교회의 주인이냐?", "교회에서 누가 높으냐?"로 다투고 분란을 일으키는 경우도 있음은 주지의 사실이다. 항존직분자이든 서리직분자이든 안수를 받은 봉사자이든 안수를 못 받은 봉사자이든 분명히 명심할 것은 모든 직분은 다 섬김을 위한 부르심이며 교권을 위함이 아니라 교회치리나 권징, 그리고 사역을 위해 부름 받은 청지기라는 사실이다. 모든 맡은 자들에게 구할 것은 충성이다(고전 4:2).

4) 교회 직분자의 직분의식

교회는 머리 되신 주님의 거룩한 몸, 성도들을 지체로 하여 구성된 거룩한 공동체이다. 교회의 모든 직분은 거룩한 주님의 몸을 온전히 세우고 그 사명과 책임을 감당하기 위한 거룩한 방편이요, 교회를 유지하고 사역을 감당하기 위해 필요한 교회의 기둥이다. 교회는 직분자들을 통하여 크고 놀라운 사역들을 감당해 왔고 또 감당하게 될 것이다. 그래서 교회는 직분자를 바로 세우는 것이 가장 크고 거룩한 사역이요, 직분자 역시 거룩한 소임을 감사함으로 받아 충성하고 헌신하여 교회를 온전히 세워야 한다.

교회의 많은 문제 역시 직분자들의 직분에 대한 오해나 남용 혹은 불충성으로 인해 유발됨도 인정하지 않을 수 없다. 직분에 대한 바른 이해 없이 직분자가 되고 또 직분을 권력이나 명예 혹은 교회 안의 어떤 계급으로 이해함으로 섬김보다는 섬김을 받으려는 그릇된 직분 행사로 문제가 야기되는 경우가 많이 있다. 필자가 현직으로 시무할 때에도 어떤 항존직분자는 교회학교 어린이에게까지 "내가 누군지 아느냐?"라며 자신이 장로이고 교육위원장이라며 직분을 과시하고 또 목회자에게까지 자신이 교회의 주인이라며 주인행세를 하려 해서 곤혹스러웠던 경험이 있다.

직분이 교회의 기둥이고 이 직분으로 교회 사역이 진행되고 이 직분으로 인해 교회가 온전한 그리스도의 몸으로 존재할 수 있지만, 반면에 직분자의 그릇된 이해나 의무보다는 권리로 착각함으로 사역을 방해하고 주님의 몸된 교회에 상처를 주고 선교를 가로막는 경우가 있음 또한 부인할 수 없는 현실이다.

따라서 참으로 중요한 것은 직분자들이 모든 직분은 섬기기 위해 세워진 것이고 권리가 아닌 책임이 주어진 직임이라는 것을 깨닫고, 교회의 지체된 성도들 각자가 교회 구성원으로서 바르게 봉사하고 섬길 수 있어야 한다는 것이다. 우리는 바울이 에베소 교회에 보낸 권면의 말씀처럼(엡 4:11-12) 그 직분이 어떤 직분이든 교회 안에 직분을 세운 이유가 "성도를 온전하게 하여 봉사의 일을 하게 하며 그리스도의 몸을 세우기 위함"이라는 말씀을 명심할 필요가 있다.

직분자, 특히 항존직분자들이 가져야 할 기본적인 인식은 자신이 하나님의 선택을 받고 성도들의 지지를 얻어서 자신의 인생을 주님께 드린 존재가 되었다는 사실이다. 지금은 없어진 제도이기는 하지만 사실 항존직분자가 된다는 말은 나실인이 된다는 말이다. 항존직분 자가 임직시에 하는 서약 역시 하나님의 영광을 위하여 충성을 다 한다는 서약이다. 충성을 다 한다는 말은 자신의 개인적 목적이나 개인적 방법이 아니라 하나님의 뜻과 그 뜻을 이루기 위한 삶을 살겠다는 서약이다. 하나님의 사람으로 부름 받았으니 하나님의 사람답게 살아야 한다는 말이다.

사실 항존직분자가 된다는 말은 자신의 삶의 엄청난 새로운 변화를 의미한다. 삶의 방향이, 삶의 목적과 방법이 바뀐다는 말이다. 항존직분자로 서약을 하고서 항존직분자가 되었어도 구습을 버리지 못하고 자기 마음대로 살아간다면 그것은 자신도, 그가 속한 교회 공동체도 심한 어려움에 빠지게 할 수 있다.

무엇보다 중요한 것은 세상을 위해, 세상 즐거움을 위해 살던 삶을 포기해야 한다는 것이다. 하나님의 부름을 받았다는 말, 부르심에 응답한다는 말은 하나님을 향하여 "이제 내 삶을 당신 위해 드립니다"라는 고백이기 때문에 삶의 방향이 정해지게 된다. 그런데 그 방향과 다르게 간다면 필연적으로 실패한 인생이 될 수밖에 없다. 명심할 것은 세상과 하나님을 함께 섬길 수 없다는 것이다(마 6:24). 곧 이제는 더 이상 세상적인 방법으로 살아가서는 안 된다는 말이다.

직분은 교회 안에서의 신분 상승이 아니라 일을 맡은 종의 신분이다. 예수님을 잘 믿어서 교회 공동체 안에서 어떤 명예나 권한을 하나 더 얻는다는 말이 아니라 작은 일에 충성했으니 이제 더 큰일을 맡는다는 말이다. 그러므로 맡은 일을 잘 감당하겠다는 마음가짐과 충성심이 있어야 한다.

5) 영광스러운 직분, 권사

권사직은 성경에 나오는 직분은 아니지만 실제로 교회를 세우고 성도를 돌보는 데 크고 귀하게 쓰임 받는 꼭 필요한 교회의 영광스러운 직분이다. 특히 권사는 교회의 여러 직분 중에서도 그 직능이 목회자의 교인 돌봄 사역의 동역자로서 매우 중요한 직분이다.

권사 제도는 제도적 교회가 이루어지기 전인 초대교회 때는 없었던 직분이라 성경에 나오지 않는다. 권사직 제도는 장로교회에서 시작된 직분도 아니고 한국교회가 시작한 직분도 아니다. 권사 직분은 교회의 필요에 따라 감리교에서 시작한 제도이다. 그러나 이 권사 제도는 감리교에서도, 장로교회에서도 실제 교회 목회 현장에서는 참으로 귀히 쓰임 받는, 없어서는 안 되는 귀하고 영광스러운 직분이다.

권사 제도의 처음 시작은 감리교를 시작한 존 웨슬리가 1746년 교회의 부족한 사역자들의 일을 보충하기 위하여 처음 세운 직분이다. 물론 처음으로 시작한 권사 제도는 오늘날의 권사처럼 목회자를 도와 성도들을 돌보는 목양의 목적보다는 성도들을 훈련하고 말씀으로 세우기 위한 교육적 목적을 위한 제도였다. 권고하는 자라는 의미의 권사(exhorter) 직분은 평신도를 훈련하여 "평신도 설교자(Ray Preacher)"로 세우기 위함이었다. 그 후에 차츰 이들로 말씀을 전하고 초신자들을 신앙적으로 권고하고 돌보고 위로하는 등 평신도 목회자 역할을 감당하게 하는 목회 보조자의 직임으로 발전하였다.

영국에서 시작된 권사 제도가 한국의 기독교대한감리회에서도 그대로 받아들여 사용되었다. 물론 한국 감리교의 권사 제도는 오늘날 장로교 권사처럼 여자들에게만 주어지는 직분이 아니라 남녀 공히 필요에 따라 권사로 세워져 역할을 감당하게 하였다.

장로교회가 권사 제도를 공식적으로 받아들인 것은 주후 1955년 제40회 예수교장로교 총회에서부터였다. 현재는 교회 항존직으로 안수하여 정년이 되는 70세가 되는 해 연말까지 교회 제직회원으로서의 역할과 성도들을 돌보는 일과 교회의 중요 사역에 귀히 쓰임 받는 직분이 되었다. 처음 장로교에서 권사 제도를 도입한 것은 여성 안수가 허락되지 않던 때에 장로에 버금가는 여성 지도자로 세우기 위하여 권사 직분을 도입하여 임직하게 되었다. 물론 장로교의 권사는 설교하고 가르치는 평신도 설교자로서의 직분이 아니라 주로 성도들을 심방하고 위로하고 돌보는 역할을 담당하는 목회 보조자의 역할을 감당하는 제도이다. 그리고 감리교에서는 남녀 모두가 다 권사가 될 수 있지만 장로교에서는 여자만이 권사가 될 수 있다는 것이 다른 점이다. 이렇듯 권사는 공교회가 안수하여 세운 거룩하고 영광스러운 직분이다.

또한 장로교회에서는 항존직으로서의 권사뿐 아니라 당회의 결의로 세례교인 중에서 명예권사를 세워 권사의 직무를 협력하게 할 수도 있다. 명예권사는 안수를 하지 않지만 70세 정년까지 서리집사에 준하여 제직회원의 권리를 행사할 수도 있다.

더욱더 중요한 것은 권사가 그 소임을 바로 잘 감당할 때 권사직이 영광스러울 수 있다는 것이다. 피택받고 안수를 받아 권사에 임직된다고 다 영광스러운 것은 아니다. 권사가 되어서 권사 역할을 바로 할 때 그 직분이 영광스러운 직분이 될 수 있다. 사람으로 태어나도 사람 노릇 못하면 온전한 사람이라고 할 수 없듯이 권사 역시 그렇다. 권사직이 영광스러운 직임임에는 틀림없지만 권사직을 잘 감당해야 영광스러운 직분일 수 있다.

권사로서의 임직은 여러 경우가 있다. 당회가 그 신앙과 능력, 그의 헌신적 삶을 귀히 여겨서 공동의회에 추천하여서 성도들의 선택을 받아 권사가 되는 경우도 있고, 성도들의 절대적 지지로 공동의회에서 직접 선출되는 경우도 있다. 그 과정과 절차는 다를지라도 확실한 것은 모두 다 하나님의 선택이라는 것이다. 그것은 우연도 아니고 또 인간적인 노력의 결과도 아니다. 하나님께서 부르시고 세우셨다. 하나님께서 사람들의 마음을 움직여 주셔서 권사로 세우신 것이다. 그러므로 모든 권사는 하나님께서 불러 주시고 교회를 세우는 일에 자신을 사용해 주심을 감사해야 한다. 또한 성도들에 의하여 선출되고 주님의 몸된 교회에서 예식을 통하여 임직된 영광스러운 직임임을 기억해야 한다.

성경에 보면 하나님 나라와 복음을 위해 귀하게 쓰임 받았던 수많은 여성들이 있다. 아마 이들은 오늘의 권사의 역할을 하였던 사람들이라고 할 수 있으며, 오늘날 권사들이 이들의 헌신과 봉사의 자리를 감당하게 될 것이다. 대표적인 몇 사람을 예로 든다면 사도 바울이 로마 교회에 추천한 "뵈뵈" 같은 사람이다.

사도 바울은 뵈뵈를 로마 교회에 추천하면서 "겐그리아 교회의 일꾼으로 있는 우리 자매"(롬 16:1)라고 소개한다. 그는 바울의 중요한 동역자 중의 한 명이었다. 바울은 로마 교회에 뵈뵈를 소개하면서 "그가 여러 사람과 나의 보호자가 되었음이라"(롬 16:2)고 하였다. 바울은 뵈뵈를 자신의 선교 사역의 보호자였다고 소개하였다. 아마 바울의 그 힘들고 어려운 선교 여정에 바울을 위해 기도하고 바울의 필요를 보충하는 데 충성스럽게 봉사한 여성 지도자, 오늘로 말하면 "충성스러운 권사"였을 것임을 쉽게 짐작할 수 있다. 뵈뵈의 헌신은 오늘 "교역자를 도와 궁핍한 자와 환난당한 교우를 심방하고 위로하며 교회에 덕을 세우기 위해 힘쓴다"고 규정된 권사의 직무를 충성스럽게 감당한 경우라고 할 수 있다. 미루어 짐작하건대 바울이 그를 "겐그레아 교회의 일꾼"으로 소개한 것을 보면 뵈뵈는 바울을 도와 겐그리아 교회의 "궁핍한 자와 환난당한 교우를 심방하고 위로하며 교회에 덕을 세우기 위해 힘쓴" 충성스러운 동역자였음을 알 수 있다. 그래서 바울이 그를 자신의 '보호자'라고 소개했을 것이다.

뵈뵈는 오늘날의 권사가 어떻게 교회를 섬겨야 하는지를 잘 보여주고, 또 "권사가 무엇인가?"라는 질문에 대한 좋은 대답이 될 수 있을 것 같다. 성경에서 그를 '권사'라고 명명하지 않았던 것은 당시에는 교회가 제도적으로 안정되지 않았고 '권사' 직분 제도가 없었기 때문일 것이다. 그러나 뵈뵈의 섬김과 역할이 바로 오늘날 우리 시대의 권사의 역할이고 권사의 모범이라고 할 수 있다.

'권사'라는 명칭은 헬라어 '파라클레시스'라는 단어에서 유래되었다. '파라클레시스'는 "권면하다, 격려하다, 위로하다"라는 뜻을 가진 헬라어이다. 성경을 번역할 때 이 단어를 한문의 의미를 살려 '권할 권(勸)'자를 사용하여 "권면하고 위로하는 일을 맡은 자"라는 의미로 '권사'라고 번역한 것이다. 그래서 교회 헌법에서 '권사'는 "교역자를 도와 궁핍한 자와 환난당한 교우를 심방하고 위로하며 교회에 덕을 세우기 위해 힘쓰는" 자라고 규정하고 있다.

한국교회의 역사를 볼 때 한국교회는 권사들에 의하여 오늘날과 같이 든든히 세워졌다고 할 수 있다. 필자의 목회 경험으로는 목사나 장로보다도 권사들이 이름 없이 빛 없이 수고하고 기도하고 봉사하여 오늘의 한국교회를 세웠다고 감히 말할 수 있다. 특히 한국교회의 수많은 미자립교회들, 장로를 세울 만한 힘이 없는 수많은 교회는 대부분 권사가 주축이 되어 교회를 이끌어 온 것이 사실이다. 필자 역시 당회가 구성되지 않은 미자립교회를 교역할 때에는 주로 권사들과 함께 목회 활동을 한 경험을 가지고 있다. 권사들은 교회 지도자일 뿐 아니라 지역사회에서도 지도력을 가지고 있었다고 기억한다.

한국교회에서 권사는 영성과 희생과 봉사의 상징이었다. 철야, 또는 새벽의 깊은 기도로 교회의 영적 지도력을 가졌다. 권사는 으레 기도를 많이 하는 사람, 밤이 맞도록, 그리고 새벽 늦게까지 기도하는 사람으로 인정되고 있었다. 또 삶 자체가 교회를 중심으로 이루어졌다. 특히 물질적 어려움에 시달릴 수밖에 없었던 당시 교역자들을 이름 없이 빛 없이 돌보는 희생적 봉사자였다. 필자도 그런 많은 경험을 가지고 있다.

필자는 지방에서 목회를 하면서 신학대학원을 다녔다. 월요일에 서울로 올라와서 공부하다가 금요일 밤 열차를 타고 내려가서 주일 목회를 하고 다시 월요일에 학교로 돌아와서 공부하는 생활을 3년이나 했다. 그런데 월요일 아침 마을버스를 타기 위하여 버스 정류장으로 나가면 권사님 한 분이 정류장 앞 가게에 계시다가 나오셔서 과자 등 간식거리, 그리고 꼬깃꼬깃 감추어 두었던 지폐를 손에 쥐어주시면서 잘 다녀오라고 하시고 총총 돌아가시던 때가 수를 헤아릴 수 없이 많았다. 비록 보잘것없는 마른 떡 조각이나 과자 부스러기였고 낮은 단위의 지폐였지만 나는 늘 그 애틋한 권사님의 사랑에 큰 힘을 얻고 주님을 향한 충성을 스스로 다짐하곤 했다. 이제는 다 고인이 되셨겠지만 가난한 신학생인 내가 목회자로 성장하도록 돌보아주신 분들이 바로 권사님들이셨다. 모두 다 살림이 넉넉하지 못하신 분들이셨지만 교회를 위해, 그리고 목회자를 위해 헌신적 섬김을 보여주셨다. 바쁜 농사철에도 틈틈이 교회에 와서 돌보고 사찰(관리인)이 별도로 없던 때 교회 청소 등 교회 돌봄 역시 권사들의 몫이었다. 그래서 예수님을 안 믿는 불신자들도 교회 권사라고 하면 으레 기도 많이 하고 교회 봉사 열심히 하고 특히 교역자를 잘 섬기는 사람으로 인정을 했다.

그건 아마 지금도 다르지 않을 것이다. 일꾼이 많고 여러 가지로 넉넉한 큰 교회의 경우는 다르겠지만 지금도 작은 개척교회나 미자립교회에서 교회를 책임지고 돌보고 목회자들을 알뜰히 보살펴주는 분들은 아마도 권사일 것이다. 그래서 권사는 기도와 섬김, 봉사의 상징이라고 할 수 있다.

어느 직분이나 다 그렇지만 권사 역시 그 직분을 잘 감당하기 위해서 참으로 필요한 것은 소명의식이다. "권사직이 자신의 노력이나 인간관계를 통해서 얻어진 직분인가, 아니면 하나님의 부르심인가?", "나는 하나님이 세운 권사인가, 내 수단으로 된 권사인가?"에 대한 자기 확신의 문제이다. 이러한 정확한 소명의식은 어렵고 힘들 때에도 그 직분을 당당히 수행할 수 있는 힘이 되고, 좌우로 치우치지 않을 영적 능력이 된다.

필자의 경우 때로 교회가 어려울 때 "내가 하나님의 종"이라고, "나를 세운 것은 하나님"이라고, "하나님이 세운 나를 누가 어떻게 할 수 있겠느냐?"고 확신을 가졌을 때 늘 마음이 편하고 당당할 수 있었다. 권사 역시 하나님이 세웠다는 확신이 있을 때 어려워도 낙심하지 않고, 잘 되어도 교만하지 않을 수 있다.

권사는 이 세상에 살지만 이 세상에 속한 존재가 아니고, 육신으로 살지만 육신에 속한 사람이 아니고, 죄와 사망의 법이 지배하는 세상에 살아도 "생명의 성령의 법"에 지배되고 있는 하늘에 속한 존재임을 정확히 기억할 필요가 있다. 곧 자신의 인생은 하나님의 주권 아래 있다는 것을 명심해야 한다. 하나님의 주권의 지배를 받아야 하는 존재라는 말이다. 이미 스스로 서약한 대로 자신은 하나님께 헌신된 삶이요, 하나님의 역사를 위해 존재하는 삶이라는 의식이다.

참으로 중요한 것은 권사는 "헌신된 존재"라는 의식이고, 그러므로 생존 자체가 바로 하나님의 역사에 자신을 드리는 삶이어야 한다. 그것을 다른 말로 "청지기 의식"이라고도 한다. 청지기는 주인은 아니지만 주인의 것을 주인의 마음으로 관리하는 사람을 말한다. 권한은 없지만 책임은 져야 하는 것이 청지기이다. 그래서 권사는 이미 하나님께 드려진 존재로서 그의 사역뿐 아니라 그 생명까지도 하나님께 드려야 한다. 자신의 언어나 행동은 물론 생명까지도 하나님의 나라를 위해 존재해야 한다.

권사 역시 사도 바울처럼 자신은 "사나 죽으나 그리스도의 것"이라는 의식을 가져야 한다. 사도 바울은 한 번도 가보지 못하고 알지 못하는 로마 교회에 편지하면서 자신을 "그리스도의 종"이라고 소개했다. 권사도 마찬가지이다. 바울과 같이 권사도 "그리스도께 소유된 그리스도의 종"이다. 그러므로 권사는 "나는 교역자를 도와 궁핍한 자와 환난당한 교우를 심방하고 위로하며 교회에 덕을 세우기 위해 하나님께 부름 받은 하나님의 종이다"라는 소명의식으로 그 직무를 감당하는 신실한 믿음의 사람이어야 한다.

영국 감리교 창시자 존 웨슬리가 권사직을 세운 것은 주로 교인을 교육하기 위한 목적이었지만 장로교의 권사는 목회자를 도와 교인들을 심방하며 위로하고 돌보기 위해 세운 직분이고 실제로 아주 유용한 직분이다. 권사직은 지도력이 있고 헌신적인 여성 성도들을 사역에 동원하는 가장 좋은 방법이고 목회자의 목회에 있어 가장 중요한 동역자이며 교회를 부흥 성장시키고 성도들을 온전하게 세우는 데에 가장 중요한 직분이다.

근자에 와서 이 중요한 권사직의 불필요성을 말하는 학자들도 있으나 이는 권사의 직임에 대한 오해이거나 권사 제도의 시작이나 기능에 대한 잘못된 이해에 기인한다고 생각한다. 권사직의 무용론을 주장하는 가장 중요한 이유로 권사직이 성경에는 없는 직임인데 교회 편의상 만들어진 직분이고 여성 장로를 인정하지 않으려는 의도로 세워졌기 때문이라는 주장이다. 그러나 그것은 목회 현장에서 권사의 기능이나 공헌에 대한 이해 부족으로 목회 현장을 이론으로만 이해하고 있는 신학자들의 생각일 것이다. 성경에 권사직이 없는 것은 불필요하기 때문이 아니라 초대교회 당시 아직 교회가 제도적으로 정착되지 못하여서 권사 직분이 생기지 않았기 때문일 것으로 생각한다. 교회가 제도화되고 다양한 사역으로 세상을 섬겨야 하는 우리 시대의 목회 현장에는 권사직의 필요성이나 그 기능의 중요성이 결코 과소평가될 수 없다.

어떤 학자들은 시대의 변화로 여권 신장을 위하여 여성 지도자를 권사보다는 장로로 세워야 할 필요 때문에 권사 제도가 필요 없다는 의견을 제시하기도 한다. 여성 지도자가 교회의 치리나 권징 등 중요 정책적인 기여는 못하고 장로보다 아래 계급으로 인식되는 권사로 교회 부수적인 일들, 교회의 허드렛일, 그리고 장로를 보조하는 정도의 직분으로 이해되기 때문에 권사 제도를 폐지하고 여성 지도자도 장로로 세워야 한다고 주장한다. 일견 납득할 수 있는 의견 같으나 역시 교회 목회 현장에 대한 이해 부족으로 인한 주장이라고 할 수 있다.

이미 한국교회는 보수적인 몇 개 교단 외에는 여성에게도 장로 안수가 허락되었고 실제로 많은 여성 장로가 교회 안팎에서 활동하고 있다. 문제는 장로가 되려면 성도들의 택함을 받아야 하고, 또 교회 규모가 일정 규모 이상이 되어야 장로를 둘 수 있다. 그리고 권사 제도를 폐지한다고 해서 여성도들이 더 많이 장로로 선택된다는 보장도 없다. 교회가 많은 사역을 감당하기 위해서는 다양한 분야의 여러 봉사자들이 각자의 기능을 가지고 봉사할 수 있도록 직분의 다양성이 보장됨이 목회 현장에 실제적 유익이 된다고 볼 때 지금까지 교회를 세워

오고 목회자의 교인 돌봄의 동역자인 권사 제도를 폐지해야 할 아무런 당위성도 없다. 따라서 권사 제도의 존치와 활발한 봉사의 보장은 교회를 위하여 중요하다.

2
권사의 자격

권사는 항존직으로 목회자를 도와 목회 사역을 보조하는 중요한 직임이므로 그 자격 역시 헌법으로 엄격하게 규정하고 있다.

교회법은 먼저 권사의 신앙적인 자격을 "권사는 단정하고 참소하지 아니하며 절제하고 모든 일에 충성된 자(딤전3:11)로서"라고 규정하고 있다. 외적 요건으로는 "무흠 세례교인(입교인)으로 5년을 경과한 자"로 나이는 "35세 이상", 성별은 "여자"로 규정하고 있다.

외적 자격은 객관적이고 증명 가능한 조건이지만 신앙적인 자격은 사실 객관적으로 증명하거나 계량할 수 없는 순전히 선언적인 의미이다. "단정하고 참소하지 아니하며 절제하고 모든 일에 충성된 자"라는 규정은 권사 될 사람의 신앙적 성숙을 말한다. '단정'은 용모보다는 마음, 곧 정숙한 신앙에 대한 요구이고, '참소' 역시 언어의 건덕성에 대한 요구, 곧 스스로 자신을 통제할 수 있고 사명을 감당하기에 부족하지 않은 성숙한 신앙에 대한 요구라고 할 수 있다.

외적 자격인 "무흠 5년 이상 된 세례교인으로 35세 이상 된 여자"라는 규정은 적당한 신앙의 연륜이나 연소함으로 오는 미숙을 방지하기 위한 최소한의 기준이라고 볼 수 있다. 구법에서는 40세 이상으로 규정되어 있었으나 시대의 변화를 따라 나이 기준을 낮추었다. 이는 권사가 단지 성도들을 돌보는 "연륜이 깊은 여성도"로서의 의미보다는 "교회 사역에 쓰임 받기 위한 직분"이라는 의미로 보면 된다.

이런 자격 규정을 평가하는 것은 사실 전적으로 그를 잘 아는 소속 교회 성도들의 평가에 의존한다고 할 수 있다. "그의 신앙적 태도나 삶이 소속 교회 성도들의 인정을 받고 있는가? 공동의회에서 교인 과반수의 찬성을 받을 수 있는가?"로 평가가 된다는 말이다. 무기명 비밀투표를 통하여, 혹은 당회의 추천으로 공동의회의 과반수의 동의를 얻어야 권사가 될 수 있음은 그의 신행이 평소에 성도들의 존경을 받아야 함을 의미하고, 그의 언행으로 그의 지도자 자격 인정을 받는 것이라고 말할 수 있다.

그래서 권사가 된다는 말은 하나님의 선택과 믿음의 축복을 전제하고 있지만 구체적으로는 섬기고 있는 자신의 교회 성도들로부터 "단정하고 참소하지 아니하며 절제하고 모든 일에 충성된 자"라는 신앙적 성숙을 인정받아야 한다는 말이다.

선거를 통해 권사로 피택되면 먼저 3개월 이상 당회의 지도 아래 교양을 받아야 하는 것도 그 자격을 보완한다는 의미일 것이다. 물론 직분을 잘 수행할 수 있는 직무 훈련일 수도 있지만 교회가 적법한 절차로 훈련을 시킬 수 있다면 자격 보완에 큰 도움이 될 수 있다.

사실 이 모든 자격 기준은 외적 평가보다는 권사 자신이 스스로 보완하고 세워 나가야 할 자격이다. 권사로 임직받는 것보다 더 중요한 것은 권사로서 하나님께 영광이 되고, 또 교회에 덕을 세우며, 스스로 자신의 인생에도 의미가 있어야 한다. 권사가 단지 교회의 교권을 얻는다거나 사회적 지위를 얻고 신분의 확인 차원을 넘어서 하나님의 부름 받은 헌신된 종으로 자신을 드려야 한다는 신앙적 입장에서 보면 더욱더 그렇다. 바울 사도의 고백처럼 권사 역시 "부끄러울 것이 없는 일꾼으로 인정된 자로" 자신을 하나님 앞에 드려야 하기 때문이다(딤후 2:15).

그래서 권사가 되기를 원하는 사람이나 이미 권사로 임직되어 교회를 섬기는 사람은 신앙적, 법적 자격을 스스로 잘 세워 나갈 필요가 있다. 누구든지 자신을 잘 준비하여 귀히 쓰이는 그릇이 되어서 거룩하고 하나님의 쓰심에 합당하며 모든 선한 일을 위해 헌신하는 것(딤후 2:21)이 충성된 권사의 모습이기 때문이다.

1) 신앙적인 자격

권사가 되기 위해서는 여러 외적 조건이나 자격이 필요하지만 교회 지도자로서 권사에게 가장 필요한 자격은 성숙한 신앙이다. 권사는 하나님의 말씀에 따라 성숙한 신앙 능력으로 그 직임을 감당해야 하는 직분자이기 때문이다.

권사는 무엇보다 먼저 영적으로 성숙한 그리스도인이어야 한다. 권사가 때로는 성도들을 진리의 말씀으로 가르쳐 주고 길을 잃은 사람들에게 길을 인도하고 잘못된 사람을 바로 세워 주고 약한 자를 붙잡아 주어야 하기 때문에 먼저 자신의 영적 성숙함이 필요하다. 성경에는 교회 지도자로 세울 때 "새로 입교한 자도 말지니"(딤전 3:6)라고 말씀한다. 성숙하지 못한 사람을 교회 지도자로 세울 경우 교만에 빠질 위험이 있기 때문이다. 마찬가지로 권사도 초신자가 아니라 성숙한 신앙인이어야 한다. 신앙의 성숙은 순간의 결단으로 이루어지는 것이 아니라 시간과 경험을 통해서 이루어진다.

뿐만 아니라 권사는 교회에서뿐 아니라 "외인에게서도 선한 증거를 얻은 자"(딤전 3:7), 곧 그의 삶의 현장인 사회에서도 존경받는 신앙인이어야 한다. 왜냐하면 사회에서 신뢰가 없는 사람이 교회 지도자가 될 경우 그것이 도리어 "비방과 마귀의 올무에 빠질 염려"가 있기 때문이다. 그래서 권사는 그 지역사회에서 인정받고 존경받는 사람이어야 한다. 마치 "루스드라와 이고니온에 있는 형제들에게 칭찬받는 자"(행 16:2)라고 인정받은 디모데처럼 교회에서나 사회에서 존경받고 칭찬받는 권사가 되어야 한다.

사람이 칭찬을 받기 위해서는 먼저 그의 인격이나 언행이 책망할 것이 없어야 한다. 곧 흠이 없는 사람이어야 한다. 권사는 디모데전서 3

장 2절, 디도서 1장 6-7절에서 말씀하시는 것처럼 교회에서나 사회에서 신앙적으로나 윤리적으로 "책망할 것이 없어야 한다." 세상 누구도 흠이 없을 수는 없지만 교회 지도자인 권사는 흠이 없으며 책망할 것이 없는 훌륭한 인격의 소유자가 되도록 노력해야 한다. 법률적으로나 사회적으로 다른 사람에게 비난받을 만한 결점이 없어야 한다.

권사의 영적 성숙은 그의 성품으로 나타난다. 성품이란 그가 가지고 있는 생각, 감정, 행동이 총체적으로 표현되는 그 사람의 인격을 말한다. 그래서 좋은 성품이란 그의 생각, 감정, 행동, 언어가 성숙한 신앙인의 인격으로 나타난다. 원래 인간은 다 하나님의 형상으로 창조된 하나님의 피조물이다. 곧 인간은 하나님을 닮은 존재이다. 그러므로 비록 타락으로 하나님의 형상을 잃어버렸지만 성도들은 주님의 십자가를 통하여 하나님의 형상을 회복하고 그리스도의 장성한 분량에 이르도록 성장하여야 한다(엡 4:13).

그리스도인, 특히 교회 지도자는 우리의 구주이신 예수 그리스도의 성품을 닮아야 한다. 주님의 온유와 겸손을 닮아야 한다(마 11:29). 사도 바울은 성도들의 삶을 "죄와 사망의 법에서 해방되어 생명의 성령의 법에 따라 사는 사람"이라고 했다(롬 8:2). 신앙인은 "생명의 성령의 법"이라는 삶의 메커니즘(mechanism)으로 사는 사람이다. 모든 사물은 생존이나 행위가 작동되는 원리가 있고 생각이나 언어나 행동이 다 그 원리에 지배된다. 소설 『1984』에서 조지 오웰(George Orwell, 1903-1950)은 빅 브라더(Big Brother)가 지배하는 전체주의(全體主義,

totalitarianism) 사회를 그리고 있고, 독일 나치의 히틀러는 괴벨스의 거짓선전으로 독일 국민들의 시대정신을 지배하여 나치 독재가 가능했다고 한다. 실제로 우리 시대에도 사람을 세뇌시켜 로봇처럼 맹목적 복종을 강요하는 북한 체제를 경험하고 있다.

사람의 신념 체계는 그의 영적 메커니즘에 의해 지배된다. 사람이 죄와 사망의 법이라는 죄의 메커니즘에 지배될 때 자신이 "원하는 바 선은 행하지 아니하고 도리어 원하지 아니하는 바 악"(롬 7:19)을 행하게 된다. 그 이유는 사람 속에 "죄와 사망의 법(메커니즘)"이 작동하기 때문이다. 그러나 그리스도인은 "죄와 사망의 법"에서 자유를 얻어서 "생명의 성령의 법"에 따라 사는 사람이다. 따라서 성도는 이미 그리스도의 성품을 닮은 존재이기에 교회 지도자인 권사 역시 그리스도의 성품을 지녔다. 그리스도의 성품을 지닌 교회 지도자는 "인자가 온 것은 섬김을 받으려 함이 아니라 도리어 섬기려 하고 자기 목숨을 많은 사람의 대속물로 주려 함이니라"(마 20:28)에 나타난 주님의 성품대로 "서로 마음을 같이하며 높은 데 마음을 두지 말고 도리어 낮은 데 처하며 스스로 지혜 있는 체"(롬 12:16) 하지 않고 겸손히 그 직임을 감당해야 한다.

성경은 그리스도인의 성숙한 신앙을 '단정'하다고 표현한다(딤전 3:2). 단정하다는 것은 외적 용모가 아니라 마음의 자세를 말한다. 모든 면에서 질서가 정연하고 계획성이 있으며 잘 정리된 생활을 하는 사람을 말한다. 성품이나 생각이나 행동이 바른 인격을 가진 사람을 의미한다. 권사는 행동에 있어서 품위가 있고, 말에 있어서 신뢰가 있고, 생활이 정돈되어 있는 인격자라야 한다는 의미이다. 이처럼 교회 지도자인 권사는 무엇보다 영적, 신앙적 성숙이 전제되어야 한다.

교회 지도자는 성도들을 지도하고 이끌어 가기 위해 먼저 스스로를 통제할 수 있는 자제력이 있어야 한다. 언제나 정서적 안정과 건전한 사고방식의 소유자라야 한다는 말이다. 판단을 흐리게 하는 외적 환경에 영향 받지 않도록 스스로의 자제할 수 있는 능력이 있어야 하고, 특히 신앙에 흔들림이 없어야 한다.

가장 중요한 것은 돈에 관한 것이다. 성경은 교회 지도자의 덕목을 교훈하면서 "돈을 사랑하지 아니하며"(딤전 3:3)라고 말한다. 특히 "더러운 이를 탐하지 말아야 한다"(딛 1:8). 성도들을 돌볼 때에는 "억지로 하지 말고 하나님의 뜻을 따라 자원함으로 하며 더러운 이득을 위하여 하지 말고 기꺼이 하라"(벧전 5:2)고 가르치고 있다. 교회 지도자는 교회에서의 직무나 다른 사람을 위한 봉사뿐 아니라 자신의 소유에 대해서도 늘 청지기 의식을 가져야 한다. 돈 역시 자신의 것이 아니라 하나님의 것을 자신에게 맡기신 것이니 주인이 아니라 관리자, 곧 청지기라는 의식을 가지고 맡기신 주인 하나님의 뜻을 따라 먼저 하나님 나라와 그 의를 위하여 사용해야 한다. 그래서 많든지 적든지 늘 자족하는 마음으로 물질에 대하여 깨끗해야 한다. 돈 역시 거룩한 목적을 위한 수단이 되어야지 삶의 목적이 되어서는 안 된다. 권사의 일차적 관심은 언제나 "하나님의 나라와 그의 의"가 되어야 한다. 권사는 물질에 있어서도 늘 스스로를 통제할 수 있는 능력의 소유자가 되어야 한다.

일을 하고 사역에 임하는 자세나 태도 역시 늘 자기 통제 능력이 있어야 한다. "촛불이 태양 노릇"하려고 해도 안 되듯이 사역도 자신의 한계를 알아야 하고 독단적인 자기주장대로 해서는 안 된다. 때로는 봉사도 독점하면 안 된다. 더욱 중요한 것은 일의 종류나 방법이나 역할 역시 하나님의 뜻과 방법으로 해야 된다. 자기 권위나 자존심 혹은 자신의 지배력을 확대하기 위하여 자기 고집으로 하지 않아야 한다 (딛 1:7). 하나님의 교회 사역을 자기 자신의 존재감을 세우고 자기만족을 위하여 해서는 안 된다는 말이다. 교회 사역의 경우 일을 열심히 하고 많이 봉사하고 헌신하면서도 너무 자기주장이 강한 봉사자로 인해서 사역은 잘해도 그 사역으로 인해 갈등을 만드는 경우가 많다. 하나님의 일은 하나님의 방법으로 하나님의 뜻을 따라 하나님의 영광을 위해서 일해야 한다. 자기 영광을 위한 일은 자기 일이지 하나님의 일이 아니다. 하나님의 일은 일하는 장소나 일의 종류에 따라 결정되지 않고 일하는 사람의 마음의 자세에 따라 결정된다. 자기 주도권을 위해 일하지 않아야 한다. 자기 일이 아니라 하나님의 일이기 때문이다.

또 하나 중요한 자기 통제 능력 중의 하나는 급히 분내지 않는 것이다(딛 1:7). 교회 지도자는 자신의 감정 역시 통제할 수 있어야 한다. 권사 역시 자신의 정서적 감정을 잘 통제할 수 있어서, 성급히 화를 낸다거나 자기감정을 노출해서는 안 된다. 사안의 정확한 파악 없이, 또는 전후 사정에 대한 정확한 이해 없이 자기감정으로 문제를 보거나 감정을 노출하는 실수를 하지 않아야 한다. 위대한 지도자 모세가 가나안 정복을 이끌지 못하고 가나안이 보이는 '느보산'에서 그의 삶과 사역을 마치게 된 주요 원인을 하나님은 이렇게 말씀하신다. 모세가 므리바에서 반석을 한 번 치라는 하나님의 명령에, 이스라엘 백성들의 반역에 대한 화를 참지 못하고 두 번 쳐서 하나님의 거룩성을 나타내지 않았기 때문(민 20:11-12, 27:14, 신 32:51)이라고 설명한다. 위대한 지도자였지만 그의 문제는 감정통제의 실패였다.

성경은 "사람이 성내는 것이 하나님의 의를 이루지 못함이라"(약 1:20)고 경고하고, "노하기를 더디하는 자는 용사보다 낫고 자기의 마음을 다스리는 자는 성을 빼앗는 자보다 나으니라"(잠 16:32)고 교훈하고 있다. 감정을 통제하지 못하는 사람은 하나님의 의를 이룰 수 없고, 자신의 감정을 통제하는 능력이 전쟁에서 이기는 능력이다. 그래서 교회 지도자, 특히 성도들을 돌보는 직임인 권사는 자기감정 통제의 능력이 있어야 한다.

지도자가 지도력을 발휘하기 위해 필요한 것은 신뢰이다. 사람들에게 신뢰를 받지 못하면 지도력을 발휘할 수 없다. 특히 지도자의 말의 권위는 참으로 중요하다. 구체적인 지도는 거의 많은 경우 '말'로 이루어지기 때문이다. 그 말의 신뢰는 그의 신중함에서 나온다. 개역성경에서는 이 '신중'을 '근신'으로 번역했듯이 지도자는 그 말이나 행동을 삼가고 조심해야 한다. '가벼운 사람'이 아니라 언행이 '무거운' 사람이어야 한다. 이는 지도자의 언행의 신뢰 문제이다. 사실 언행이 가벼운 사람은 그 지위의 고하를 막론하고 또 그의 역할과 무관하게 사람들에게 무시당하는 주요 원인이 된다.

모든 교회 지도자, 특히 권사는 늘 성도들과 함께 하나님의 나라를 세워가는 사람으로서 거룩한 삶의 태도를 견지해야 한다. 그래서 어떤 상황에서도 스스로의 자기 통제력을 발휘하여 자신의 언행이나 생각까지도 신중한 '근신'을 보여야 한다. 바른 영성으로 바르게 판단하고 바르게 말하고 지도해 나가야 한다. 그러기 위해서는 언어나 행동, 그리고 사역에 있어서 신중함을 보여서 신뢰를 얻고 거룩한 지도력을 행사할 수 있어야 한다.

교회 지도자의 또 하나의 덕목은 넓은 마음으로 다른 사람을 이해하고 용납하는 관용의 사람이어야 한다. 어떤 경우에도 스스로의 감정을 통제하여 쉽게 화를 내지 않고, 특히 '평화의 사람'이 되어 다투기를 좋아하지 않고 늘 모든 사람에 대하여 겸손하고 남을 용납하고 친절하고 온유하고 관대한 사람이어야 한다. 권사는 "모든 겸손과 온유로 하고 오래 참음으로 사랑 가운데서 서로 용납"할 수 있는 관용의 사람이어야 한다(엡 4:2). 그래서 교회 공동체 안에서 "평안의 매는 줄로 성령이 하나 되게 하신 것을 힘써 지키는"(엡 4:3) 지도자여야 한다. 권사는 모든 사람에게 '관용'을 알게 하고(빌 4:5) 그리스도의 '관용'으로 권면하고(고후 10:1), 모든 사람에게 관용하여 모든 일에 온유함을 보여주어야 한다(딛 3:2). 그래서 주님이 우리를 용서하신 것처럼 서로를 용납하는 교회 공동체로(골 3:13) 세워가야 한다. 또한 교회 지도자는 늘 평화의 사람(딤전 3:3)으로 살아야 한다. 교회 지도자, 특히 권사가 유의할 것은 어디서든 갈등을 조장하는 언사를 조심할 것이며, 어디서든 평화를 만드는 사람(Peace maker)이 되어야 한다.

하나님의 사람, 특히 교회 지도자는 그의 인격의 거룩성을 인정받을 수 있어야 한다. 이는 순전히 도덕적으로나 윤리적으로 흠결이 없다는 정도를 넘어 영적인 능력과 감화력을 가져야 한다. 그것이 바로 거룩성이다. 사람들은 영적 능력에 의하여 변화된다. '거룩'이라는 말은 '다르다'는 말인데 정말 영적으로 평범하지 않는, 인간적인 약점에 얽매이지 않는 '다름'이 있어야 한다. 권사는 실제적으로 그의 삶이 깨끗하고 행위가 거룩해야 한다. 구별되어야 한다. 달라야 한다. 거룩성이 가장 큰 능력이다.

권사는 그의 삶이 의로워야 한다(딛 1:8). 곧 신앙적으로나 도덕적으로 '옳은 사람'이어야 한다. 자기 스스로 부끄러움이 없어야 하고, 다른 사람들에게도 그 의로움을 인정받을 수 있어야 한다. 권사는 특히 하나님 앞에 옳은 사람이어야 한다. 교회 지도자로서, 성도를 돌보는 교역자의 동역자로서 그 직무 수행에 문제가 없어야 한다. 흠이 없는 지도자로서 성도들을 잘 돌볼 수 있어야 한다. 존경받지 못하는 사람은 그 지도력을 발휘할 수가 없다. 권사는 힘이 아니라 감동으로, 말만이 아니라 영향력으로 그 직임을 감당해야 하기 때문이다.

무엇보다 교회 지도자인 권사는 선을 좋아해야 한다(딛 1:8). 권사가 되기 위해 선을 좋아하도록 노력도 해야 하지만, 그보다는 그의 품성 자체가 선을 좋아하는 품성을 가져야 한다. 선을 좋아한다는 말은 그의 심령이 선을 향한다는 말이다. 그의 언행의 구조 자체가 선으로 향해져 있어야 한다. 선을 좋아하면 저절로 선을 행하게 되며, "성령의 생명의 법"(롬 8:2)을 따라 살게 된다.

　성경은 또 교회 지도자의 덕목으로 교회 성도들의 영적 지도나 그의 영적 능력뿐 아니라 그의 삶, 특히 그의 가정에 대한 거룩성도 요구하고 있다. 그래서 지도자들의 자격을 논할 때 그의 가정에 대한 책임도 요구하고 있음을 볼 수 있다. 성경(딤전 3:1-7)에서 교회 지도자의 자격으로 "한 아내의 남편이 되며"(2절), 또 "자기 집을 잘 다스려 자녀들로 모든 공손함으로 복종하게 하는 자라야 할지며"(4절)라고 말씀하고, 계속해서 "사람이 자기 집을 다스릴 줄 알지 못하면 어찌 하나님의 교회를 돌보리요"(5절)라고 말씀하여 자기 가정을 잘 돌보는 능력이 있어야 교회도 잘 돌볼 수 있음을 가르치고 있다. 목회자가 그렇듯이 권사 역시 교회를 돌보는 직임이다. 그러므로 권사는 일차적으로 자기 가정을 잘 돌보는 사람이어야 한다. 이는 "자기 가정을 잘 돌보는" 가족으로서의 책임만을 말하는 것이 아니라 교회를 돌볼 지도자의 능력으로서도 가정을 잘 돌보는 것을 말한다.

　특히 가정에 대한 책임으로 "한 아내의 남편"은 곧 "한 남편의 아내"와 동의어로서 이는 단순히 윤리적인 책임만이 아니라 자기 스스로의 절제되고 자기 통제 능력이 있고 가정을 잘 돌볼 수 있는 능력을 의미한다. 일부다처가 용인되었던 당시에 굳이 이를 강조하는 것은 바로 성실한 삶의 능력을 강조하는 말씀으로 이해할 수 있다.

또 자녀들을 "부모에게 순종하는 자녀"로 양육하는 능력도 강조한다. 이 말씀 역시 단순히 자녀에 대한 부모의 의무를 강조하기보다는 자녀들에게도 존경받고 자녀들을 순종하게 할 수 있는 교회 지도자의 능력을 강조한다. 교회 지도자, 그리고 권사는 그 자녀들이 좋은 믿음을 갖도록 양육해야 한다. 자녀들이 믿음을 갖지 않거나 교회생활에 성실하지 못하다면 권사의 자격이 부족하다고 할 수 있다. 물론 그 믿음은 단정하여 방탕하다는 비방을 받지 않고 순종하는 온전한 믿음을 의미한다.

따라서 이 모든 말씀은 교회 지도자가 되려면 가정을 잘 다스릴 수 있는 능력자이어야 한다는 의미로 이해할 수 있다. 가정은 하나님께서 직접 세우신 최초의 공동체로서 모든 공동체의 기본 단위이다. 부부 역시 하나님이 짝 지어 주신 기본적인 인간관계이다. 하나님의 창조 질서에 따라 가정을 다스릴 수 있는 것 또한 지도자의 중요한 능력이고 의무이다. 교회 지도자인 권사는 가장 기본적인 관계요 기본적인 공동체인 가정을 잘 다스릴 수 있어야 한다.

2) 교회법적인 자격

위에서 이미 언급한 것처럼 권사 제도는 성경에 있는 직분이 아니라 교회법으로 정한 직분이다. 일반적으로 장로교회의 교회법으로는 권사를 교회의 직원으로 규정하고 또 종신직이라고 할 수 있는 항존직으로 안수하여 세우는 직분이다. 권사에 대하여 교회법은 그 자격을 "권사는 단정하고 참소하지 아니하며 절제하고 모든 일에 충성된 자"(딤전 3:11)로서 ① 무흠 세례교인(입교인)으로 5년을 경과한 자 ② 35세 이상 된 여자라고 규정하고 있다.

권사가 되기 위해서는 영적 성숙과 신앙생활과 교회생활의 많은 경험, 그리고 교회 여러 사안들을 처리하는 과정을 경험한 상당한 신앙의 연륜이 필요하기 때문에 세례교인으로 5년을 경과한 자로 규정하고 있고 연령 역시 35세 이상이 되어야 한다고 규정한다.

"단정하고 참소하지 아니하며 절제하고 모든 일에 충성된 자"라는 규정은 그의 개인생활, 가정생활, 사회생활, 교회생활 등 모든 영역에서 인정받는 사람이어야 한다는 것을 말한다. 곧 권사는 신앙적으로 그 인격을 인정받는 사람이어야 한다. 연령과 신앙 경력 외에는 수량적으로 계량할 수 있는 것이 아니지만 그 취지는 권사가 되려면 신앙적으로 성숙한 사람이어야 한다는 규정이다. 가장 확실한 권사의 조건은 공동의회에서 투표수의 과반수 지지를 받아야 한다는 규정일 것이다. 곧 권사는 신앙 좋고 그 신행이 성도들의 인정을 받아야 한다는 정도의 규정이라고 할 수 있다.

물론 위의 규정은 대한예수교장로회(통합)의 헌법 규정이다. 그 외의 타 교단의 경우에도 별반 다르지 않을 것이다. 구체적으로 권사의 자격에 대한 법적 규정을 알아보면 아래와 같다.

권사 제도가 시작된 감리교회의 경우 권사를 평신도 임원으로 규정한다(기독교대한감리회, 『교리와 장정』 제2편 2장 1절 113조). 권사의 법적 자격은 ① 감리회에서 집사로 5년 이상 그 직을 연임한 35세 이상 되고 70세 미만인 자 ② 신앙이 돈독하고 감리회의 『교리와 장정』을 공부한 이 ③ 기도회를 인도하고 다른 이에게 신앙적으로 권면할 능력이 있는 이 ④ 감리회에서 제정한 권사과정 고시에 합격한 이 ⑤ 권사는 가급적 인가귀도된 이로 한다. ⑥ 타 교파에서 이명하여 온 안수집사, 권사는 권사의 반열에 두고 담임자가 증서를 준다. 다만, 안수집사·권사증서를 제출하여야 한다(『교리와 장정』 제3편 조직과 행정법 1-2장 4절 제18조)라고 규정하고 있다.

특별한 것은 감리교는 남자와 여자 모두에게 권사 직분을 준다는 것이다. 장로교는 권사의 자격을 "세례 후 5년을 경과한 여자"로 규정하고 있으나 감리교는 "집사로 선출된 후 5년 이상 그 직을 연임한"으로 규정되어 차이를 보이고 있다. 또 장로가 되려면 5년 이상 권사 직분을 감당해야 하므로, 권사는 집사와 장로의 중간에 해당하는 직분으로 규정하고 있다. 장로교의 권사는 안수집사와 거의 동급의 직분으로 이해되고 있는 것과는 차이가 있어서 장로교의 권사보다는 감리교의 권사가 훨씬 더 중요한 직분으로 인식하고 있음을 알 수 있다. 그리고 "신앙이 돈독하고 감리회의 『교리와 장정』을 공부한 자, 감리회에서 제정한 권사과정 고시에 합격한 자, 타 교파에서 온 안수집사나 권사는 권사의 반열에 두고 담임자가 증서를 준다"라는 규정으로 보아서『교리와 장정』공부를 의무화하고 있고, 장로교와 다르게 권사과정 고시에 합격해야 하는 규정을 두고 있다. 장로교는 장로의 경우만 장로고시에 합격한 자로 규정하고 있다. 그리고 타 교회에서 온 안수집사나 권사도 같은 반열에 둔다는 규정은 타 교단 안수집사, 권사의 직분도 인정해 준다는 것을 알 수 있다. 그 자격 기준이 다르지만 이미 받은 직분(안수집사, 권사)을 인정해 준다는 것은 엄격한 권사 선발 기준보다는 상당히 양보가 전제된 규정이라고 할 수 있다.

성결교도 감리교의 권사 제도를 도입하여 권사 제도를 두고 있다. 성결교(예수교대한성결교회) 헌장(제22판, 2019) 제6장 제2절 제49조에 의하면 성결교회의 권사 역시 그 직임이 장로교와 유사하여 "① 교역자를 도와 신자의 신앙생활을 돌보아 심방하며, 우환질고로 낙심한 이들을 권면하며, 불신자에게 전도를 한다"로 규정하고 있다. 그리고 권사는 "성결한 신앙생활을 유지하는 한 항존직이다"라고 규정하며, 권사의 자격은 ① 지교회에서 집사로 4년 이상 근속한 나이 만 35세 이상 된 교인 ② 본 교회의 교리와 정치에 순종하며 십일조와 헌금을 드리는 교인으로 한다. 다른 교단에서 이명증서를 가지고 전입한 집사는 그 직의 연한을 인정하며 본 교회의 지교회에서 2년 이상 시무하고 본 교회의 권사 자격의 연한이 될 때 자격을 인정한다(단, 이명증서 없이 전입하는 경우는 주보, 임직패, 사진 등의 증빙서류가 있으면 이명증서에 가름할 수 있다)라고 규정하고 있다.

성결교의 권사 기준이 타 교단과 다른 것은 "지교회에서 4년 이상 근속한 집사"라는 규정과 "십일조 헌금을 드리는 교인"이라는 규정이다. 장로교와의 차이는 "세례 받고 5년을 경과한 자"와 다르게 집사로서 4년 이상으로 못 박고 있다는 점이다. 집사가 되기 위한 교회생활 경력과 집사로 근속한 4년을 포함하면 장로교보다는 훨씬 더 강화된 자격 규정이라고 할 수 있다. 또 "십일조 헌금을 드리는 교인"라는 규정도 그렇다. 물론 장로교의 경우에도 십일조 헌금자임을 전제로 하고 있고 또 개 교회가 권사 선출 시에 이런 명문 규정을 정하여 시행하기도 하지만 법적 규정에 명문화하지는 않았다. 감리교도, 성결교도 권사의 자격 규정이 좀 더 강화되어 있음을 짐작할 수 있다.

이는 예수교대한성결교회 규정이나 기독교대한성결교회의 경우에도 헌법 제5장 제3절 제40조에 규정된 권사에 대한 규정은 거의 비슷하다.

권사의 직무 역시 "당회 또는 치리목사의 지도하에 교역자를 도와 교인의 영적 상태를 돌아보며, 우환질고와 낙심 중에 있는 자를 권위하며 전도에 힘쓴다"라고 규정하고 있어 여러 타 교단과 다르지 않다. 임기는 "경건생활이 지속되는 한 칭호는 종신토록 유지된다"로 되어 있어 항존직임을 말한다. "다만 70세 이상 된 자는 명예권사로 호칭한다"라고 하여 타 교단의 "은퇴권사"라는 규정과는 차이가 있다.

그런데 자격 기준은 타 교단보다 좀 더 강화되어 있어서 "① 지교회 집사로서 7년 이상 근속한 연령 45세 이상 된 자로 하며 타 지교회와 타 복음주의 교파에서 동등한 자격으로 전입한 자는 해 지교회에서 집사근속 시무 2년을 경과하여야 한다. 타 지교회와 복음주의 타 교파에서 전입한 권사는 1년 이상 경과 후 당회 또는 직원회의 결의로 시무케 한다. ② 교인의 의무를 다하고 그 생업이 정당하며 가정이 교회생활에 성실하여 덕망이 있는 자로 본 교회의 교리와 정치에 순종하며, 주일을 성수하고 십일조 의무를 이행하는 자로 한다. ③ 7년 이상 목회자를 내조한 사모로 45세 이상 된 자를 당회의 결의나 치리목사 결정으로 선택절차를 거쳐 취임케 할 수 있다"로 되어 있다. 타 교단 권사의 전입을 허락하고 있고 예수교성결교회처럼 성수주일과 십일조를 의무화하고 있다. 타 교단에는 없는 규정으로는 7년 이상 목회자를 내조한 사모를 권사로 취임하게 한다는 규정이다.

순복음교회에도 권사 직분 제도가 있다. 그러나 순복음 교회의 경우는 권사를 안수하지 않은 항존직으로 규정한다(기독교대한 하나님의 성회 헌법 10장 54조). 항존직은 다 안수를 받는다는 장로교 규정과는 다르지만, 그 직임은 "담임목사를 받들어 교회를 봉사하며 교우를 심방하고 권면하며 특별히 병자와 고난당하는 자를 위하여 기도에 힘쓰며 신앙 향상을 위하여 덕을 세우며 충성하는 명예로운 직분이다"라고 규정(10장 54조)하고 있어서 장로교와 유사하다. 그러나 법적 자격 규정은 장로교보다는 더 강화되어 있다. 순복음교회의 권사 자격은 "본 교회에서 무흠히 서리집사로 5년 이상 봉사한 여자라야 한다. 성령세례의 체험이 있어야 하고 연령은 40세 이상 65세 미만으로 한다"(10장 55조)

라고 규정하고 있다. 순복음교회 역시 장로교처럼 여자 권사만 허용하고 그 자격은 "무흠히 서리집사로 5년 이상 봉사한 여자"로 규정하여 세례 후 5년으로 규정한 장로교보다 더 강화되어 있고 연령도 35세 이상인 장로교보다 강화되어 40세로 하고 있다. 또 특이한 것은 "성령세례의 체험이 있어야 하고"라는 규정과 시무연한을 65세까지로 하는 규정이다. 상당히 중요한 규정이기는 하지만 개인적 체험인 성령체험을 어떻게 검증할 수 있을지에 대해서는 자세한 설명이 없다. 아마 선언적인 규정인 것 같다. 그리고 헌법에는 항존직은 70세로 한다고 규정하고 있지만 권사의 경우는 65세로 제한하고 있음을 본다(10장 55조).

침례교에서는 성경에 오직 장로와 집사 직분밖에 나오지 않는다는 이유로 권사 직분을 두지 않고 있다. 현재 국내에서 선교 중인 침례교파는 기독교한국침례회, 대한기독교침례회, 한국성서침례회, 대한선교침례회연합회 등이 있다.

그 외에도 교회가 자체적으로 당회의 결의나 혹은 교회 정관(규칙)을 통하여 권사의 자격 규정을 정하여 시행하는 교회도 있다. 일반적으로 교회가 시행하는 교인 훈련 기본과정을 이수해야 한다든지, 온 가족이 모두 신앙생활을 잘해야 한다든지, 십일조 등 헌금생활을 잘한다든지, 교회 봉사 경력이나 신앙 훈련 정도 등을 기준으로 정하여 해당 교회의 목회 방침에 따라서 권사의 자격을 정하는 경우도 있다.

필자의 현직 목회 시에는 1차 공동의회 결과로 선택된 항존직분자를 중심으로 2차 투표를 할 때에 1차 투표에서 배수 공천된 피택 대상자들의 지난 3년간의 신앙생활(예배 참석, 헌금 정도, 전도 실적, 교회 봉사 경력, 가족들의 신앙, 교육 훈련 정도)을 공개하여 교인들의 선택의 폭을 넓혀 주어 신실한 믿음의 사람을 선택할 수 있도록 도운 예가 있다. 이는 법적 조치이기보다는 신실한 직분자들을 선택하기 위한 당회의 결정으로 시행한 경우이다.

위와 같이 여러 교단의 권사 직분과 그 직분을 위한 권사의 자격을 살펴보았다. 교단의 차이에도 불구하고 권사직의 직무나 직임은 "교역자를 도와 성도들을 돌보는 일"임은 대동소이하다. 비록 성경에 나오지 않는 직분이지만 당시는 교회가 제도화되지 못했던 때였으므로 교회에 필요한 직분이 다 있었던 것은 아니다. 교회의 목적이 교회를 세우고 성도를 돌보는 일이므로 그 필요를 따라 세워진 권사직은 오늘에도 필요하다. 그리고 권사의 바른 지도력을 위하여 권사의 자격 규정을 법으로 정한 것은 너무나 당연하다.

물론 권사의 자격이 교회법으로 규정되어 있지만 권사는 법보다 더 신앙적인 결단과 헌신으로 준비하여 자신을 온전히 드릴 수 있어야 한다.

3) 자아 정체성

더욱 중요한 것은 권사의 외적 자격보다는 권사 스스로의 소명의식과 자아 정체성이다. 자신이 권사라는 자의식과 자신은 하나님께 드려진 존재요, 삶의 목적이나 방법 역시 하나님의 부르심에 따르는 것임을 자각하는 것이다.

사도 바울의 경우 자신은 철저히 "예수 그리스도의 종"이라는 자아 정체성을 가지고 있었다. 그래서 그의 모든 서신에서 자신을 "예수 그리스도의 종"으로 소개했다. 예를 들면, 그가 한 번도 가보지 않았고 또 그를 전혀 모르는 로마 교회에 편지를 쓰면서 그는 자신을 "예수 그리스도의 종 바울"(롬 1:1)이라고 소개했다. 물론 그의 모든 서신의 첫머리에서 자신을 소개할 때는 언제나 자신은 "그리스도의 종"이라고 소개한다. 자신은 예수 그리스도에게 속해 있고, 신분은 "예수님의 종"이라는 말이다. 그리고 그는 "사도로 부르심을 받았다"고 확신한다. 자신이 예수 그리스도의 종임과 동시에 사도, 곧 보냄을 받기 위해서 부르심을 입었다는 자기 정체감이었다.

모든 사람이 그렇지만 특히 하나님의 교회의 일꾼, 곧 권사로 부름 받은 직분자는 자아 정체성이 확실해야 한다. 직분을 소홀히 하거나 충성되이 감당하지 못하는 가장 큰 이유는 바로 "자신이 누구인지, 자신이 어떤 존재이고, 왜 부름 받았고, 무엇을 위해 살아야 하는가?"에 대한 정확한 자아 정체성의 부족에 그 원인이 있다고 할 수 있다. 교회 직분자는 그 직분에 대한 정체성이 중요하다. "나는 누구인가?" 하는 자아 정체성이 확실하지 않을 때 자신의 환경이나 문화, 다른 사람의 평가에 휩쓸려서 교만에 빠지거나 혹은 열등감에 사로잡혀 소중한 자기 삶에 실패할 수 있다. 또한 직분의 정체성이 확실치 않음으로 직분을 무슨 권력으로 생각하거나 하찮은 명예처럼 이해함으로 거룩한 직분을 훼손하고 하나님의 교회에 폐를 끼치게 된다. 그러므로 권사로서 가장 먼저 확인해야 할 것이 바로 자아 정체성이다.

(1) 성도로서의 정체성

먼저, 권사가 교회 직분자로 교회를 섬기는 그 지도력을 바로 갖기 위해서는 성도로서의 자신의 정체성이 확립되어 있어야 한다. '정체성'이란 다른 말로 '자의식'이라고 할 수 있는데, 사람의 성숙도는 바로 '자의식의 수준'에 달려 있다.

사실 우리가 직분을 받아 자신을 '하나님의 종'이라고 말은 하지만 진지하게 자신에 대하여 성찰하지 못하고 자아를 확립하지 못하는 경우가 많다. 교회 직분자, 곧 권사로 섬기는 삶을 살아가기 위해서 가져야 할 중요한 자의식은 먼저 자신을 소중하게 여기는 일이다. 남을 존중하고 남의 가치를 인정하고 남을 귀히 여겨야 하지만, 그보다는 먼저 자신의 소중성에 대한 인식이 중요하다. 특히 자신의 능력이나 소유 또는 자신의 지위와 사회적 인정, 남의 평가로 자신의 가치를 단정해서는 안 된다. 그것은 겸손이 아니라 불신앙이며 나를 향한 하나님의 위대한 은총과 계획을 불신하는 일이다.

사람들은 흔히 자신의 가치 기준을 다른 사람의 평가에 두는 경우가 많고, 현실적인 소유(능력, 즉 지능이나 명예나 사회적인 지위 등)를 가지고 자신의 가치를 평가하여 그것으로 자신의 자의식을 만들기도 한다.

하나님께서 다윗을 선택하실 때 보여주셨듯이 사람들은 외모를 보지만 하나님은 그 중심을 보신다. 교회의 지도자, 특히 성도들을 돌보는 책무를 가진 권사는 자신이 하나님의 형상으로 창조된 피조물이며 하나님을 닮은 존재라는 당당한 자존감이 있어야 한다. 하나님께서 친히 지으시고 생기를 불어넣어 생령이 되게 한 존재가 바로 자신이라는 것을 바로 깨달아야 한다. 우리 인간, 곧 나 자신은 바로 "하나님이 지으신 신묘막측한"(시 139:14) 존재이다. 비록 원죄로 인해 망가졌던 조상의 후예이지만 주님의 십자가의 보혈로 거듭나고 회복된 존재임을 인식해야 한다. 하나님께서는 나를 다시 살리기 위하여 독생자 예수 그리스도를 이 땅에 보내셨고, 친히 사람이 되어 이 땅에 오신 예수님은 자신의 몸을 십자가에 못 박아 보혈을 흘리셔서 나를 다시 살려주셨다. 곧 "나는 예수님의 생명과 바꿀 만큼의 귀중한 존재"이다.

사도 바울은 고린도후서 4장 7절에서 우리의 몸은 비록 질그릇 같지만 단순한 질그릇이 아니라 "보배를 가진 질그릇"이라고 했다. 성도로 부름 받은 하나님의 자녀들은 "사방으로 우겨쌈을 당하여도 싸이지 아니하며 답답한 일을 당하여도 낙심하지 아니하며 박해를 받아도 버린 바 되지 아니하며 거꾸러뜨림을 당하여도 망하지 아니하고"(고후 4:8-9)라고 한다. 그리고 죽음의 권세를 이기고 부활의 영광으로 부르실 것이며 영원한 천국백성으로 영생을 누리게 하실 존재가 바로 자신이다. 하나님이 독생자를 주실 만큼, 예수님이 십자가를 지실 만큼,

돕기 위하여 보혜사 성령님께서 오시고 지금도 친히 함께하셔서 보호자로 계실 만큼 우리가 귀한 존재임을 기억할 필요가 있다.

예수님은 그 생명이 "천하보다 귀하다"고 하셨다. 언제나 눈동자처럼 지켜 주시고 "그의 나라와 그의 의"를 구하기만 하면 "무엇을 먹을까 입을까 마실까 걱정하지 않아도 된다"고 하신다. 그래서 바울은 우리에게 "아무것도 염려하지 말고 다만 모든 일에 기도와 간구로, 너희 구할 것을 감사함으로 하나님께 아뢰라 그리하면 모든 지각에 뛰어난 하나님의 평강이 그리스도 예수 안에서 너희 마음과 생각을 지키시리라"(빌 4:6-7)고 가르쳐 주었다.

뿐만 아니라 성경은 우리의 존재 가치를, 그리고 사명을 설명(마 5:13-14)하면서 "세상의 소금과 빛"이라고 하셨고, "하나님의 자녀"(요 1:12)라고 하셨다. 예수님께서는 우리를 "친구"라고도 하셨다(요 15:15). 아무튼 성도로 부름 받은 우리는 우리의 능력이나 소유와 관계없이 하나님의 선택을 받은(요 15:16) 하나님의 종(롬 6:18, 22)이며, 자녀(롬 8:14, 15, 갈 3:26, 4:6)이며, 하나님의 기업을 물려받을 자(롬 8:17)이며, 성령이 거하실 성전이며 택하신 족속이요, 왕 같은 제사장이요, 거룩한 나라요, 하나님의 소유된 백성이다(전 2:9-10).

물론 기독교인들이 갖는 자신의 소중성은 일반적인 인권 개념과는 다르다. 자신이 소중한 것은 하나님과의 관계 때문이다. 우리의 소중성은 우리 자신의 가치이기보다는 나와 함께 계신 주님의 가치이다. 우리는 주님이 귀히 여겨 주심으로 비로소 귀중한 존재가 된다. 그러므로 주님의 몸된 교회의 권사가 되어 항존직으로 교회를 섬기도록 부름받은 사람은 자신이 얼마나 소중한 존재인가를 바로 인식하는 것이 사역을 맡은 권사들의 올바른 자의식이다. "버림받은 죄인"으로서가 아니라 "선택받은 거룩한 성도"로서 교회를 섬기는 권사가 되어야 한다.

(2) 권사로서의 정체성

임직된 권사는 성도로서의 정체성만이 아니라 권사라는 직분자로서의 정체성 역시 확실해야 한다. 자신의 교회생활은 단지 구원받은 성도로서 단순히 신앙생활을 위해서 교회를 출입하는 사람이 아니라 '권사'라는 중직을 맡아서 목사를 도와 성도들을 온전하게 세워 나갈 책임을 맡은 사람이라는 그 직분에 대한 정체성도 확실해야 한다. 그래서 권사는 자신만 잘 믿으면 되는 것이 아니라 교회의 성도들의 믿음까지 책임지고 성도를 온전하게 하여 봉사의 일을 하게 하며 그리스도의 몸을 세우는 책임을 맡은 사람(엡 4:11-12)임을 기억해야 한다.

그런 의미에서 바울은 자신이 "그리스도의 종"이라는 자의식을 가지고 있었는데, 이것은 자신이 "누구에게 속해 있으며, 자신의 신분이 무엇인가?"에 대한 자의식이다. 그는 곧 자신이 예수 그리스도의 소유이고, 그러기에 자신의 신분은 종이라고 선포했다. 또한 그는 교회 앞에 당당하게 "사도로 부르심을 받았다"라고 밝히고 있다. 자신이 하는 모든 일은 주님이 보내시고 명하신 뜻을 따르는 것이라고 확신하고, 그 부르심과 보내심의 목적이 "하나님의 복음을 위하여"라고 말한다. 그래서 그는 수많은 박해와 어려움 속에서도 자신이 그리스도의 택함 받은 종으로서의 삶을 견지할 수 있었다. 그것이 바울의 자아상이었고 자의식이었고 확립된 자아 정체성이었다.

그런 의미에서 하나님의 부름 받아 권사로 임직한 권사 역시 직분에 대한 정확한 자아 정체성을 가져야 한다. "나는 누구인가? 나는 확실히 하나님이 종인가?" 하는 자신의 존재에 대하여, "나는 무엇을 위해 사는 사람인가?" 하는 자신의 삶의 목적에 대하여, 그리고 "나는 어떻게 살아야 하는가?" 하는 자신의 삶의 방법에 대하여 확실한 자아 정체성의 확립이 필요하다.

권사 됨에 대한 확실한 자아 정체성을 가진 권사는 자기 스스로의 생각에도 권사로서 당당함이 있어야 하지만 하나님 앞에서나 사람들 앞에서도 권사 됨에 대한 당당함이 있어야 한다. 영적 준비도, 삶의 방법이나 목적도 권사로서 부족하지 않는 당당함이 있어야 한다. 그래서 권사는 언제나 "주님, 내가 여기 있습니다"라고 주님 부르실 때 당당히 대답할 수 있어야 한다.

또 하나 중요한 것은 다른 사람들도 자신을 권사로 인정해 주어야 한다는 것이다. 권사로서 하나님의 인정을 받아야 하고 스스로 당당해야 하지만 동시에 다른 사람에게서도 권사로 인정을 받아야 한다. 그 '자격'으로서도, 또 '사역의 능력'으로서도, 그리고 '충성심'에 있어서도 하나님은 물론 사람들에게도 인정을 받아야 한다. 그럴 때 성도들에게 지도력을 발휘할 수 있다.

또 중요한 것은 소명에 대한 확신이다. 바울은 "나의 나 됨은 그리스도의 은혜"라고 고백을 했다. 권사 역시 그렇다. 권사는 "나는 하나님이 세운 권사인가? 내 재주로 된 권사인가?"라는 질문에 대답할 수 있어야 한다.

3
권사의 직무

교회에는 여러 직분이 있다. 목사도, 장로도, 권사도, 집사도 있다. 그렇게 직분을 세우는 이유는 무엇일까? 그것은 오래도록 교회 출석을 한 교인들의 위상을 세워 주거나 권위를 높여 주거나 명예를 주기 위함이 아니라 각자의 직분을 따라 교회에서 맡은 사역을 감당하여 교회를 세우기 위함이다. 성경은 직분을 세우는 이유를 이렇게 설명한다.

"그가 어떤 사람은 사도로, 어떤 사람은 선지자로, 어떤 사람은 복음 전하는 자로, 어떤 사람은 목사와 교사로 삼으셨으니 이는 성도를 온전하게 하여 봉사의 일을 하게 하며 그리스도의 몸을 세우려 하심이라"(엡 4:11-12).

직분의 기능은 서로 다르지만 목적은 다 같다. 그리스도의 몸(교회)을 세우기 위함이다. 권사를 세운 이유도 그렇다. "교회를 세우기 위함"이다. 교회 헌법에도 권사를 세운 이유를 따라 그 직무를 명시하고 있다. 장로교의 경우 권사의 직무를 "권사는 교회의 택함을 받고 제직회의 회원이 되며 교역자를 도와 궁핍한 자와 환난당한 교우를 심방하고 위로하며 교회에 덕을 세우기 위해 힘쓴다"(대한예수교장로회<통합>헌법 제2편 정치 제52조)라고 비교적 간단하게 규정하고 있다. 권사가 이 직무를 잘 감당할 때 교회를 온전히 세울 수 있게 된다.

1) 제직으로서의 직무

헌법 규정에 의하면 권사의 일차적 직무를 "제직회의 회원이 되며"라고 규정한다. 교회의 택함을 받은 권사는 먼저 교회의 제직회의 회원이 되어 제직으로서의 권리와 의무를 가진다.

제직회는 시무목사, 장로, 집사, 권사, 전도사, 서리집사 등 교회 모든 직분자들로 구성된 직분자 전체회의로서 회장은 당회장이 되고, 서기와 회계는 회에서 선정하며, 필요에 따라 부서를 두어 교회 사역을 관장하는 회의이다. 미조직 교회의 경우 지교회에서 시무하는 유급교역자인 전도사는 당회장의 허락으로 제직회 임시 회장이 될 수 있다.

제직회의 소집은 사역이나 재정 집행을 위하여 소집의 필요성이 있거나 회원 3분의 1의 요청이 있을 때 소집되며 일주일 전에 광고하고 성수는 출석수로, 결의는 과반수로 한다. 제직회의 중요 안건은 ① 공동의회에서 결정한 예산 집행 ② 재정에 관한 일반수지 예산 및 결산

③ 구제비의 수입, 지출 및 특별 헌금 취급 ④ 당회가 요청한 사항 ⑤ 부동산 매매 등이다. 특히 제직회의 중요 사역은 재정에 관한 사역이다. 교회 부동산은 당회가 관리하지만 동산은 제직회가 관리한다. 물론 부동산도 매각하거나 매입할 경우 제직회의 의결을 거쳐야 한다.

미조직 교회의 경우 교회의 설립, 분립과 합병, 폐지를 할 경우 제직회의 결의를 필요로 한다. 또 미조직 교회의 경우 교인의 회원권 정지 또는 실종교인으로 교인의 자격을 정지시킬 때에 제직회의 결의에 의하여 행정행위로 그 처분을 선포하고 교회의 주보나 게시판에 공시함으로 그 효력이 발생한다. 게시판에만 게시할 경우는 1개월 이상 게시하여야 한다.

제직회의 또 하나의 중요 직임은 인사문제의 결정이다. 담임목사 청빙은 당회의 결의와 제직회 출석회원 과반수의 찬성을 얻어야 한다. 그리고 청빙서에 제직회 회의록 사본과 제직회 출석회원 과반수가 서명 날인을 한 명단이 첨부되어야 한다. 연임청원은 당회록과 제직회 결의록을 첨부하여 청원하며, 당회 미조직 교회의 경우 연임 청원시에 제직회 참석회원 과반수로 결정하고 제직회 회의록을 제출한다. 부목사의 청빙 경우에도 당회의 결의와 제직회의 동의를 얻어야 한다. 청빙서는 제직회 출석회원 과반수가 서명날인을 한 명단, 당회록 사본, 제직회 회의록 사본, 목사의 이력서를 첨부하여 노회에 제출하여야 한다. 그리고 당회장의 결원시 제직회의 과반수의 결의(합의 혹은 연명)와 요청으로 임시 당회장이나 위임, 담임목사 청원을 한다.

2) 교회 각급 사역자로서의 직무

권사의 주요 사명은 교회 사역을 위한 각급 사역에 책임자로서 혹은 봉사자로서 사역에 참여하는 일이다. 교회의 의무인 예배, 선교, 교육, 봉사, 친교 등 교회 사역에 참여하여 교회를 세우는 일에 힘써야 한다. 교회 정책은 당회의 책임이지만 사역은 제직회의 책임이며, 제직회의 사역 의무 중 상당 부분의 책임은 권사가 지고 사역을 이끌어 가야 한다. 예배 준비, 특히 성찬 준비는 언제나 권사의 책임이며 예배 안내 역시 권사의 주된 직무이다. 그리고 예배를 위한 찬양이나 예배위원으로서의 책임도 중요하다.

선교 역시 그렇다. 일반적으로 교회 선교의 책임도 늘 권사에게 가장 많은 의무가 주어진다. 요즘 같이 사회선교가 중시되는 때의 권사의 선교 봉사는 헌신을 전제하지 않으면 가능하지 않을 만큼 중대하다. 개인전도를 비롯하여 그룹으로 혹은 사회 봉사 선교로 성도들을 동원하고 이끌어 가야 하는 책임자가 늘 권사이다.

교육 역시 일반적으로 유아·유치 등 어린이 부서장의 책임을 비롯하여 구역지도자 훈련에 이르기까지 권사의 교육적 봉사 역시 다양하고 크다. 사회교육 봉사 사역이나 지역사회 봉사, 곧 지역아동센터나 어린이집 등의 사회 봉사 책임 역시 권사의 몫이다. 일반적으로 이런 교회 봉사들은 영광스러운 칭찬보다는 무거운 책임이 수반된다. 그 외 봉사, 특히 성도들이나 봉사자들을 위한 주일 점심식사나 교회 각종 대내외 행사시의 다과와 식사 준비, 손님 대접에 대한 책임 역시 권사의 몫이다. 충실하지 못하면 상당한 비난이 돌아오지만 무리 없이 진행하거나 이름 없이 빛 없이 수고를 해도 하나님으로부터만 그 상을 받을 뿐이다.

교회의 코이노니아 역시 권사가 그 주축이 된다. 실무는 집사들이 담당하더라도 책임은 언제나 권사가 짊어진다. 요즘처럼 교회의 사회봉사와 친교가 필요한 시대에는 가정에서 주부의 역할을 교회에서는 권사가 담당한다. 위와 같이 권사는 교회의 모든 사역에 참여해야 할 권리와 의무를 가진다.

권사의 직무 중에 가장 중요한 직무는 교인들을 돌보는 직무일 것이다. 권사가 교역자를 도와 성도들을 심방하고 상담하며 돌보는 일이야말로 가장 중요한 직무라고 할 수 있다. 그래서 교단 헌법에서 권사의 직무를 "권사는 교회의 택함을 받고 제직회의 회원이 되며 교역자를 도와 궁핍한 자와 환난당한 교우를 심방하고 위로하며 교회에 덕을 세우기 위해 힘쓴다"라고 규정하고 있음을 본다. 권사(exhorter, 勸士, 勸師, 勸事)는 그 명칭처럼 성도들을 지도(권면)하도록 공식적으로 허락된 직분이다. 곧 교역자의 교인 돌봄을 돕는 직분이다. 교역자 보조역할이 중요 사역이라고 할 수 있다.

교역자를 돕는 것 중에 중요한 부분이 또 있다. 교역자의 교인 돌봄을 도와줄 뿐 아니라 때로는 교역자를 도와주는 일까지 포함된다. 교역자를 도와 사역의 일부를 감당한다는 의미 외에도 실제로 교역자의 부족함을 도와주고 보완해 주는 경우이다. 교역자조차도 권사의 돌봄의 대상이 될 수 있다는 의미이다.

실제로 저자는 권사의 진정어린 돌봄을 경험한 바가 있다. 저자가 젊었을 때 철없이 부교역자로 교회를 섬길 때의 일이다. 필자는 시골 면 소재지에 세워진 작은 교회에서 담임전도사로 목회를 했다. 비록 작은 교회였지만 교인들과 함께 직접 교회를 건축하는 등 당시 지역 주민들과 어울리며 그야말로 "촌사람"이 되어서 목회를 했다. 그러다가 서울의 모 교회의 부름을 받아 부교역자로 서울 목회를 시작했다. 그 교회에서 시골에서의 생활 습관을 버리지 못하고 새벽기도회 등 교회 출입을 할 때 시골에서 건축시에 편하게 신었던 털신을 그대로 신고 다녔다. 아마 그런 모습이 교인들, 특히 권사님들이 보시기에 아주 낯설어 보인 모양이다. 누군가는 "전도사가 예의가 없다" 혹은 "참 촌스럽다"는 등의 흉을 보기도 했을 것으로 추측이 된다. 그러던 어느 날, 그날도 권사님 한 분과 같이 심방을 했는데 심방을 마친 권사님이 나에게 "같이 갈 곳이 있으니 시간 좀 내 주세요"라고 했다. 그날의 업무는 마무리가 된 상태라서 그 권사님을 따라갔다. 그 권사님은 어느 구둣방(당시에는 구두를 요즘처럼 공장에서 대량 생산하지 않고 동네 구둣방에서 맞추어 신을 때였다)으로 나를 데려가셨다. 그곳에서 권사님은 나에게 구두 한 컬레를 맞춰 주겠다고 하셨다. 나는 고맙기도 하고 또 미안하기도 해서 좀 망설이다가 번거롭게 맞출 것 없이 발에 맞는 신발을 한 컬레 사 달라고 했다. 발에 맞는 구두를 한 컬레 사서 나오면서 그 권사님이

나에게 "전도사님, 다음부터는 교회 오실 때 이 구두 신고 오세요"라며 조금은 미안한 듯 당부를 하셨다. 눈치가 좀 둔한 나였지만 그때서야 그 권사님의 의도를 알아차릴 수 있었다. 예배나 심방까지 털신을 신고 다니는 무례한 전도사를 그런 방식으로 고쳐 주신 것이다. 그때 난 정말 눈물이 나도록 그 권사님이 고마웠고 40여 년이 지난 지금까지 감사로 기억하고 있다.

사실 교회생활에 노련한 권사님들이 보시기에 젊고 어린 전도사의 행태가 정말 마음에 들지 않았겠지만 진정성 있는 도움으로 교역자를 도와주신 권사님들이 참으로 많이 있다. 한국교회는 젊은 교역자들이 이런 권사님들의 도움과 배려로 유능하고 신실한 목회자로 성장한 경우가 많으리라 생각한다.

그 외에도 권사는 여러 이유로 마음 상한 성도들을 돌보고, 관계 안에서 생기는 오해와 감정적 갈등을 중재하고, 어린 성도들을 믿음으로 양육하고, 중보기도로 고난당한 성도들을 돕고, 풍부한 교회 경험으로 성도들의 상담가가 되고, 특히 교회의 기도의 모범으로 교역자와 성도들을 돕는다.

또 하나 권사의 직무수행에 있어서 명심할 것이 있다. 교역자를 도와 교우들을 돌보고 덕을 세우는 것이 권사의 중요 사역인데, 이 중에서 "교역자를 도와"의 의미를 잘 기억해야 한다. 여기서 중요한 개념은 "도와"이다. 권사가 교역자의 목회를 돕는 직임이어서 목회자의 동역자이며 때로는 성도들의 어머니 역할을 감당하지만 언제나 중요한 것은 "도와"이다. 자신이 교인 돌봄이나 목양의 주체가 아니라는 말이다. 아무리 큰일을 유능하게 잘한다고 해도 권사는 언제나 "도와"서 하는 일이지 자신이 목회의 주체가 될 수는 없다.

권사 중에는 탁월한 말씀의 능력과 지도력을 가지신 분들이 많다. 현재 시무 중인 목회자가 부임하기 오래전부터 교인들을 돌봐왔고 그들의 애환을 너무나 잘 알고 있다. 그래서 각 가정 성도들의 문제에 대해서도 가장 잘 알고 있고, 문제의 원인과 과정, 해결책을 정확하게 알고 있다. 그럼에도 불구하고 권사는 목사를 돕는 직분이지 목사를 이끌어 가거나 독자적인 자기 영역의 사역을 행할 수는 없다. 유능하고 성도들의 지지를 받고 있고 효과적 사역 방법이나 교인 돌봄에 대해 목사보다 훨씬 더 정확히 알고 있지만, 그럼에도 권사는 목회자가 아니고 목회 보조자일 뿐이다.

한국교회의 권사의 이미지는 믿음 약한 성도들을 심방하여 격려하고 믿음을 세워 주고 따뜻한 사랑으로 남을 붙잡아 주고 희생적 사랑으로 교회를 섬기는 이미지이다. 그래서 한국교회의 오늘을 이룬 것은 목사나 장로보다는 권사들의 수고와 헌신이 그 밑바탕이 되었다고 해도 과언이 아니다. 권사는 법적으로 명시된 의무만이 아니라 교회의 모든 일을 일의 종류나 책임과 관계없이 섬기고 세워 왔다고 할 수 있다. 이런 좋은 전통을 따라 권사가 그 직무를 잘 감당함으로 온전히 교회를 세울 수 있어야 한다.

위에서 밝힌 것처럼 "교역자를 도와 궁핍한 자와 환난당한 교우를 심방하고 위로하는 일"이 권사의 가장 중심 되는 직무이다. 그러므로 권사의 심방에 대한 바른 이해는 권사의 직무 수행에 참으로 중요하다. 심방이 성도들을 돌보는 일이지만 잘못된 심방은 성도들에게 폐를 끼치고 믿음을 약화시키는 원인이 될 수도 있기 때문이다.

심방은 중요한 목회의 영역이다. 이 중요한 일을 목회자만으로는 다 감당할 수가 없다. 그래서 목사는 권사를 비롯한 구역의 지도자들의 도움을 받아 교인 돌봄 활동인 심방을 감당하게 된다. 심방을 통하여 환난당한 성도들을 위로하고 권면하고, 또 성도의 교제를 통하여 신앙 성장을 돕고, 성도들의 여러 문제들을 성경말씀으로 깨우쳐 주고 새 힘을 준다. 목회자는 상담가(Counselor)와는 다르다. 상담가는 내담자(Client)의 정신적, 육체적, 사회적 갈등이나 문제를 해결해 주고 그들의 심리적 필요를 채워 주는 정도이지만, 목회 심방은 정서적이고 심리·사회적인 문제를 넘어서 그들의 영적인 욕구와 필요까지를 채워 주어야 한다.

그러므로 목회 상황에서의 성도 심방은 가정을 방문하여 신앙적인 대화와 친교를 통해 성도들의 삶의 현장(육체적, 심리적, 환경적, 영적)을 정확하게 이해하여 성도로 하여금 하나님을 영화롭게 하고, 또 그리스도인으로서의 풍성한 삶을 살 수 있도록 도와주어야 한다.

심방에서 중요한 것은 성도들에 대한 진정성 있고 세심한 관심과 개별적인 신앙지도이다. 이는 목자라고 할 수 있는 목회자의 직임이지만 많은 성도들을 목회해야 하는 목회자가 성도 개인에게 가질 수 있는 관심과 보살핌은 현실적으로 한계가 있기 때문에 이를 보조하고 일정부분 분담해 주는 일을 권사가 하게 된다.

일반적으로 심방이 성도 개인적인 요청에 의하여 이루어지지만, 실제로 심방이 더 필요한 사람은 심방을 요청조차 못하는 성도들이다. 이것이 심방과 상담과의 차이이다. 상담은 내담자가 스스로의 필요를 따라 상담자를 찾아와서 상담을 받지만, 심방은 상담을 요청하지 못하는 사람까지도 돌보는 것이다. 실제로는 요청조차 못하는 성도가 상담이 가장 필요하고 심방이 필요한 사람들인 경우가 많다.

심방에서 성도들이 기쁘고 감사한 일을 나누기 위해 요청하는 심방은 비교적 큰 문제가 없다. 예를 들면, 성도들의 가정이나 개인의 기쁨과 감사를 나누는 가정 경사를 위한 감사예배 요청 심방 등이다. 이런 심방의 경우는 진심으로 함께 기뻐하고 또 마음껏 축복하면 되는 비교적 평안한 심방이라고 할 수 있다. 그러나 정말 중요하고 세심한 주의가 필요한 심방은 바로 유고 심방이다. 성도들 중 교회의 위로나 안내, 도움이 필요하면서도 심방을 요청조차 하지 못하는 가정이나 개인을 찾아가는 심방이다. 예를 들면, 질병으로 인한 고통 속에 있는 성도를 위한 병원 심방, 가족의 사별로 인해 절망 속에 있는 가정을 위한 심방, 그리고 사업의 실패나 가정의 어려움을 위로하고 신앙으로 세워 주기 위한 심방 등은 참으로 중요하고 또 세심한 주의와 전문성이 필요하다. 실제로 이들이 심방을 가장 필요로 하는 사람들이다.

그 외에도 새가족을 믿음으로 세워 주기 위한 심방, 낙심한 성도를 다시 일으켜 세우기 위한 심방, 또 가족이나 직장 등으로부터 핍박을 당하거나 소외되어 괴로운 성도를 위로하는 심방 등 중요하고 때로는 전문성이 요구되는 심방이 있다.

권사는 심방 시에도 영적 지도자로서의 권위와 품위, 그리고 예의를 지킬 수 있는 교양이 필요하다. 목회자와 동행하여 단순히 목회자를 돕는 권사는 예의에 맞는 복장, 품위 있는 언행 등 예의만 잘 지키고 가능한 한 조용히 섬기면 된다. 그러나 권사가 구역장으로서 혹은 구역 심방 책임자로서 심방할 때는 심방에 대한 철저한 준비가 필요하다. 중요한 것은 심방 대상자에 대한 진정한 관심과 사랑이 전제되어야 한다. 심방 언어도 중요하지만 태도 역시 중요하다. 특히 심방시에는 너무 말을 많이 하지 말고 상대방의 말을 잘 들어주어야 한다. 심방자의 진정성이 보일 때 심방을 받는 가정도 마음을 열고 대화가 가능하게 된다. 성경은 "듣기는 속히 하고 말하기는 더디 하며 성내기도 더디 하라"고 권한다(약 1:19). 성급하게 말하거나 판단하지 말라는 것이다. 특히 그 가정과 무관한 일이나 심방 목적이 아닌 말은 조심해야 한다. 누구를 비방한다거나 지나치게 칭찬하는 일, 특히 교회 사역이나 다른 성도들과의 관계, 그리고 교역자들이나 교회 제직들의 문제를 화제로 삼지 않도록 주의해야 한다. 가능하면 사회·정치적인 문제도 화제로 삼지 않는 것이 중요하다. 우리나라처럼 좌우 대립된 정치 성향으로 서로 다른 견해를 가지고 있는 경우 불필요한 감정적 갈등을 유발할 위험이 있다. 그리고 심방 대상자의 어떤 반응에도 감정적인 태도가 아닌 반드시 신앙적인 온유함으로 대하여야 한다. 가장 중요한 것은 모든 일에 정서적으로 부담을 주지 않아야 한다.

심방 후에도 심방으로 확인된 중요한 정보를 목사에게 보고하여 목회에 적용할 수 있도록 해야 한다. 물론 심방으로 알게 된 그 가정의 사적(私的) 문제나 개인 정보를 누설하지 않아야 한다. 비록 좋은 정보라고 하더라도 당사자의 요청이나 허락 없이 남에게 전하는 가벼움을 보이지 않아야 한다. 심방 대상 가정의 사적 문제, 그것이 비록 흉이 아니어도 다른 사람에게 가볍게 말하는 것은 지도자의 신뢰를 떨어뜨려서 지도력을 상실하게 되는 원인이 될 수 있다.

심방은 권사의 중요한 직임이다. 심방을 통하여 성도들을 위로하고 가르치고 치유하고 세워 줄 수 있고, 또 목회자를 가장 효과적으로 도와줄 수 있다. 그만큼 심방에 대한 전문적 교양을 갖추어야 한다.

3) 목회자의 후견인으로서의 직무

목회자가 힘들어할 때 기도의 강력한 후원은 목회자의 영적 천군만마가 된다. 구약이나 신약에서 영적 지도자의 든든한 후원자들의 이름 중에 여성도의 이름이 빠지지 않는다. 엘리야의 후원자 사르밧 과부, 엘리사의 후견인 수넴 여인, 사도 바울의 사역에 힘을 돋우어 준 여러 여성도들의 이름이 서신서 뒷부분을 인상 깊게 채우고 있다. 모성애적 마음으로 목회자의 동반자로서 묵묵히 사역을 감당하는 권사의 모습은 목회자는 물론이고 교우들에게도 큰 감동을 준다.

주님께서 여성 지도자의 섬세하고 끈질긴 성품을 사용하셔서 흔들리는 목회자를 세우시고, 낙심한 목회자에게 용기를 불러일으키신다. 권사의 다른 별명이 '기도의 어머니'라는 사실이 목회자의 동역자임을 힘 있게 증거하고 있다. 권사들의 팀워크를 통해 강력한 영적 진지가 구축되면 교회는 평안을 누리게 된다. 한국교회의 권사 제도는 목회자와 교회에 힘을 실어주는 하나님의 사려 깊은 선물임에 분명하다.

4
권사의 임직

교단마다 제도가 다르기 때문에 차이가 있지만 본서에서는 장로교
단의 대표적인 통합측 교회의 권사 임직에 관하여 설명하려고 한다.
물론 타 교단과 대동소이하리라고 생각한다. 권사의 선택과 훈련, 그
리고 권사의 임직, 휴직, 사임이나 사직, 복직 또 은퇴와 명예권사 제
도 등에 대하여 설명하고자 한다. 이는 권사직의 중요성과 거룩성에
대하여, 또 어떻게 헌신하고 충성할 것인지에 대하여 이해하는 데 도
움이 되리라고 본다.

1) 권사의 선택

장로교의 경우 모든 항존직분(목사, 장로, 집사, 권사)은 교인 총회라

고 할 수 있는 공동의회에서 투표로 선택한다. 공동의회는 해 교회의 무흠 세례교인(입교인) 중 18세 이상인 교인 전체 회의를 말한다. 공동의회는 당회의 결의로 당회장이 일시, 장소, 안건을 한 주 전에 교인들에게 광고하여 소집한다. 물론 공동의회는 한 주 전에 광고했을 경우 별도의 개회 정족수, 곧 개회 성수가 따로 없이 회집된 회원으로 개회한다. 이는 교인이 많고 또 예배를 여러 차례 드림으로 함께 모이기 힘들어 성수 미달로 회의가 무산되지 않도록 하기 위하여 "한 주 전 광고"를 전제로 해서 회집된 회원으로 개회하도록 교단 헌법이 규정하고 있다. 공동의회는 ① 치리회인 당회가 교회 정책이나 사역, 그리고 교인 전체가 합의해야 할 중요 사항들을 제안한 안건 ② 매 연말에 한 해 동안의 교회 재정 감사와 결산, 그리고 새해의 예산 수립 ③ 교회 직원, 곧 위임목사 청빙이나 장로, 집사, 권사 선택을 위한 직원 선거 ④ 상회(노회, 총회)가 지시한 사항 등을 결의한다.

공동의회의 결의는 다른 규정에 명시된 사항이 아닌 것은 재석 과반수로 결의하고, 인선은 무기명 비밀투표로 한다. 또 공동의회의 의장과 서기는 당회장과 당회서기로 한다.

권사 선택은 선출할 정원, 투표 방법, 일시와 장소 등 당회의 결의로 공동의회를 열어서 투표수의 과반수 득표로 선출한다. 무기명 비밀투표를 통하여 과반수 이상의 득표로 선택하지만 특별한 경우에는 당회가 후보를 추천할 수 있고, 당회가 후보를 추천한 경우에도 공동의회에서 투표자 과반수의 동의를 얻어야 최종 피택권사로 확정된다.

물론 공동의회에서 과반수의 득표를 한 경우에도 법이 정한 권사의 자격에 미달하는 사람은 피택권사의 자격을 부여하지 않으며 따라서 권사로 임직할 수 없다. 투표는 한 노회 회기 동안 3차까지 할 수 있어서 피택자가 당회가 정한 인원에 미달할 경우에는 2차, 3차까지 투표할 수 있다. 2차, 3차 투표의 경우 1차 투표의 득표순으로 미달수의 배수를 공천하여 그의 신앙생활 전반에 대하여 공고하고 투표할 수 있다. 2차, 3차 투표의 경우에도 과반수 이상의 득표자로 선택한다. 투표 진행 방법은 투표장에서 당회가 결정하고 투·개표 등 선거관리도 당회가 진행한다. 투표 방법에 대하여는 공동의회에서 직접 결정할 수도 있다. 투표에서 투표자 수의 과반수 득표자는 당회에서 그 자격 여부를 심사하여 확정하고, 다음 주일에 교회 주보 혹은 게시판에 공고함으로 권사 선택이 확정된다.

2) 권사의 훈련

공동의회를 통하여 권사로 피택이 된 임직 후보자들은 교회의 계획에 따라 당회의 지도 아래 3개월 이상의 훈련을 받고 권사 임직을 준비한다. 교회법은 "피택된 자는 3개월 이상 당회의 지도 아래 교양을 받아야 한다"(장로교<통합> 헌법 제2편 정치 제8장 제55조 1항)라고 규정하고 있다. 이 훈련은 당회가 주관하도록 되어 있어서 표준 교육과정이나 별도의 교단적 지침이 없기 때문에 일반적으로 당회장이 그 목회 방침에 따라 필요한 교육을 시행한다. 그래서 훈련과정이나 내용이 표준화되어 있지 않고 많은 경우 통과의례 정도로 넘어가는 경우가 많다. 그러나 이 훈련과정은 아주 중요하고 평생을 항존직분자로서 교회를 섬길 권사의 직무수행의 승패를 결정하는 중요 과정이다. 많은 경우 일단 항존직분자로 임직이 되면 더 이상 훈련을 받지 않아도 되는 것으로 생각하거나 자신은 훈련 대상이 아니라는 잘못된 이해로 임직 당시보다 더 발전된 지도력을 갖기 힘든 경우도 많이 있기 때문에 임직 전 임직을 위한 훈련은 철저히 잘 시행되어야 한다.

저자의 경우 이 기간 동안에 권사 피택자들을 위하여 교육과정을 철저히 이행한다. 법적 규정은 3개월 이상이지만 피택되는 즉시 임직에 필요한 각종 서류들(이력서, 가족관계증명서, 각종 신앙 및 지도력 훈련 수료증 등)을 제출받고 그 다음 주간부터 임직 전 주간(약 5개월)까지 권사의 직무교육을 시행한다. 권사만이 아니라 같이 피택된 장로 피택자, 안수집사 피택자와 함께 훈련하기 때문에 5개월 정도가 적당한 훈련기간이라고 생각한다.

훈련과목은 "성경개론, 교회론, 예배론, 기도, 물질과 헌금생활, 교회 헌법, 권사 직분론(청지기론), 심방예법, 리더십, 소그룹 운영, 상담의 기초, 담임목사의 목회 철학, 본 교회의 교회사" 등이다. 각 강의 과정 훈련에는 테스트(시험)를 함으로 학습을 소홀히 하지 않도록 한다. 훈련 기간에는 반드시 새벽기도회 참석, 말씀 묵상을 의무화시키고,

지정한 타 교회를 탐방하고 보고서를 제출하게 한다. 열심 있는 교인인 경우 한 교회에 오랫동안 출석함으로 다른 교회는 어떻게 예배드리고 어떤 사역을 하고 어떻게 섬기는가에 대한 정보가 없을 수 있기 때문이다. 다른 교회, 곧 남들은 어떻게 섬기고 어떻게 하는지를 아는 것도 중요한 훈련이다. 따라서 다른 교회 탐방은 훈련에 많은 유익이 된다.

강의에 결석할 경우는 별도로 지정하여 공지한 신앙서적을 읽고 리포트를 내도록 한다. 훈련 마지막 코스로는 피택자 전체가 함께 국내 순교 기념성지를 순례하여 순교적 각오로 교회를 섬기도록 사명을 다진다. 이미 권사 피택 자격으로 총회가 헌법으로 규정한 자격 외에 교회 자체가 시행하는 훈련(Ms4Steps) 과정을 마친 것이 전제됨으로 기본 신앙 훈련이나 교리, 교회 섬김에 대한 별도 훈련은 생략한다.

항존직분자들을 훈련시키기 가장 좋은 때가 피택자 훈련 기간이다. 이 기간 동안의 훈련은 법이 규정한 훈련이고 항존직분자 자격을 취득하기 위한 훈련이므로 강제성을 기할 수 있고 학습 효과도 높다. 목회자들은 이 훈련 기간을 잘 사용할 필요가 있다. 좋은 권사, 충성스러운 권사는 교회, 특히 목회자가 만들어야 한다. 그것은 철저한 훈련으로 가능하다. 만일 항존직분자가 잘 몰라서 잘 섬기지 못한다면 그것은 물론 본인의 문제이지만 목회자에게도 상당한 책임이 있다. "알아야 면장을 할 수 있다"는 말이 있듯이 잘 알아야 좋은 항존직분자가 될 수 있다. 그것을 알게 하는 것은 목사의 책임이다. 교회는 '된' 사람을 쓰기도 하지만 '만들어서' 써야 할 경우가 더 많다. 교회는 사람을 세우는 곳이다. 훈련에 실패하면 사역도 실패한다.

3) 권사의 임직, 취임

교회의 항존직분자 임직의 권한과 책임은 교회에 있다. 노회 소속인 목사의 임직은 노회가 하지만 '지교회'에 소속된 장로나 집사, 권사임직은 교회가 하게 되어 있다. 그 직분의 소속이 교회이기 때문이다. 교단 헌법은 "집사 및 권사는 당회 결의로 교회가 임직한다"고 규정한다. 그래서 교회의 치리회인 당회가 임직을 결의하여서 임직 예식을 위한 제반 사항을 결정하고 임직을 준비하고 주관한다. 일반적으로 권사임직은 장로 임직과 같이 하기 때문에 장로 피택자가 노회 시취에 합격해야 함으로 공동의회를 통하여 피택된 후 5개월(장로가 당회 아래 훈련 받는 기간이 5개월이다) 뒤에 열리는 노회를 지나서 임직식을 하게 된다. 당회는 임직 예식을 위하여 시간과 예식 순서 담당자, 그리고 예식을 위한 기타 교회의 준비 등을 결정하고 예식을 통해 권사를 임직한다.

교회법(교단 헌법)에는 "교회는 선거를 통해 권사, 집사, 장로, 목사로 봉사하도록 부름 받은 사람들을 위하여 임직 예식을 거행하며 기도와 안수함으로써 그들을 거룩하게 구별하여 세워야 한다"(헌법 제4편 예배예식 제5장 5-1-1)라고 규정되어 있다. 기도와 안수를 통하여 권사를 임직한다는 말이다. 그리고 5-1-2에는 "임직은 부름 받은 자에게 거룩한 명령을 수여하는 의식"이라고 규정한다. 교회 안에서의 어떤 권리나 지위를 부여하는 것이 아니라 하나님의 뜻을 따라 교회를 섬기도록 하는 '명령'을 수여하는 예식이다. 사실 권사 임직식은 세상의 다른 지위나 권리와 다르게 '특권'이 있는 어떤 자리를 부여하는 것이 아니라 사명(명령)을 수여하는 것이다. 이는 "그가 교회의 사역에 평생 동안 목숨을 다할 존재임을 인정하는 엄숙한 교회 예전 중의 하나"라고 할 수 있다.

"이러한 임직은 단순한 서약이나 임명의 행위로 끝날 수 없으며, 성경에서 보여준 대로 안수라는 특별한 의식을 가져야 한다"(행 6:1-6, 13:1-3, 딤전 4:14, 딤후 1:6). 권사직이 목숨을 바쳐 충성할 직분이기 때문에 간단한 서약이나 임명으로 하지 않고 "안수라는 특별 의식"으로 권사직을 부여한다. 구법에서는 교회 앞에 서약하고 당회장이 취임 기도 후 선포함으로 권사로 임직하지만, 신법에 따라서 현재는 장로나 집사와 같이 권사도 항존직으로 '안수'하여 임직한다. 지금도 보수교단에서는 여성 안수를 인정하지 않고 권사 임직도 서약과 기도 후 선포로 임직하고 있다. 그런 의미에서 안수로 임직한다는 것은 아주 중요한 의미가 있다. 곧 권사도 '안수'라는 특별 의식을 통하여 임직하는 항존직이라는 것이다.

안수를 한다는 말은 아주 중요한 의미가 있다. 안수는 원래 구약시대의 전통으로 위임 혹은 전가(轉嫁), 전수(傳授)한다는 의미이다. 안수도 여러 종류가 있지만 임직 예식의 안수(按手)는 목사가 사도적 권위와 개혁교회의 전통을 따라 교회가 자신에게 위임한 목자(牧者)의 직권(職權)으로 하나님의 교회를 위해 헌신할 자에게 영적 전통을 전수하는 행위이다. 이는 또한 교회 공동체에 봉사할 직분자에게 그의 임무를 부과하고 그를 성별하고 인정한다는 의미이기도 하다. 이스라엘은 레위인들에게 안수했고(민 8:10), 모세는 여호수아에게 안수하였고(민 27:22-23, 신 34:9), 예루살렘 교회의 처음 집사를 세울 때 사도들이 일곱 집사를 안수했고(행 6:5-6), 선교사를 파송할 때도 안수했다(행 13:1-3).

안수는 반드시 당회장이 해야 한다. 주님의 몸된 교회를 맡은 당회장이 사도적 권위와 개혁교회의 전통을 따라 교단이 위임한 목자, 곧 당회장의 권위로 안수해야 한다. 아무나 안수할 수 없다. 안수는 누구에게 받는가가 아주 중요하다. 이는 영적 능력의 유무나 지위 고하의 문제가 아니라 그에게 안수(전가, 위임)되는 직분이 누구를 통해서 전수되는가 하는 문제이기 때문이다. 그래서 안수는 반드시 교회의 머리 되신 예수님의 몸인 교회를 담당한 그의 목자(牧者)의 권위로 해야 하기 때문에 직분을 받는 교회의 당회장이 해야 한다. 다른 목사와 장로들이 안수를 돕는 안수위원으로 참여는 하지만 안수를 도울 뿐 안수를 하는 것은 당회장이 해야 하고 당회장에게 받아야 한다. 안수를 통하여 자격이나 능력을 전달하는 것이 아니라 이미 그 자격을 가진 사람에게 사명과 직임을 전달하는 것이다.

아쉬운 것은 현재 교단 총회가 제정하여 사용하고 있는 교회 예식서에는 안수 순서는 있으나 안수 기도문이 없다는 것이다. 안수하는 순서에 있는 기도문은 그 내용이 안수받는 권사를 축복하는 내용일 뿐 그 권사직을 안수(위임, 전가)하는 기도는 없다. 불원간 이 예식서의 개정이 필요하다. 그래서 필자는 항존직 안수시에 별도의 안수 기도문을 작성하여 그 직분을 안수하고, 이어서 예식서에 명시된 축복기도를 한다. 그 내용은 이렇다.

"사람을 살리고 사람을 세우는, 아침해가 떠오르는 땅 ○○교회 당회장인 나는 지금 우리 주 예수 그리스도께서 세우신 사도적 전통과 대한예수교장로회 ○○교회 당회장의 권위로, 하나님의 섭리로 성도들의 선택을 받은 '○○○'에게 권사직을 안수하노라."

임직 예식은 말씀선포에 대한 응답으로서 주일예배 시에 거행할 수도 있다. 그러나 일반적으로 당회가 별도로 예식 날짜를 정하여 교회 행사로 하는 경우가 많다. 임직 예식은 예수 그리스도와 교회의 선교와 목회에 초점을 두고 말씀의 선포를 포함하는 특별예배 시에 거행할 수도 있다(헌법 제4편 예배 예식 5-1-3)고 규정되어 있기 때문이다.

권사는 교회에 소속된 직분으로 교회가 선택하여 임직하여 시무하게 한 직분이다. 그래서 권사가 교회를 떠나 타 교단이나 타 교회로 이명한 경우는 권사가 항존직이므로 그 명예는 보전되지만 권사 시무권이 상실된다. 물론 타 교회에서 시무권사로 섬기던 권사가 본 교회로 이명하여 온 경우에도 마찬가지이다.

교회의 필요에 따라 타 교단이나 타 교회에서 임직을 받고 이명하여 온 권사를 본 교회 시무권사로 세우기 위해서는 '취임식'이라는 절차를 거쳐야 한다. 그러나 장로교(통합) 헌법에는 권사 취임에 대한 별도 규정은 없고 다만 장로의 취임 절차에 대한 규정은 헌법시행규정 제2장 정치 제26조 8항에 명시되어 있다. 권사 역시 안수받은 항존직이므로 권사 취임도 장로 취임 규정에 준하여 시행하면 무리가 없을 것이다. 헌법 시행규정에 명시된 장로 취임 규정은 다음과 같다.

"본 교단 소속 교회에서 이명한 장로는 당회의 장로 선택 청원과 노회의 허락을 받은 후 당회의 결의와 공동의회에서 3분의 2 이상의 투표로 신임하며 노회 고시부의 면접 후 취임할 수 있고, 타 교단 소속 교회에서 이명한 장로의 경우는 처음 선택할 때의 절차를 거쳐야 하며 안수는 생략할 수 있다. 단, 세례교인 비례 범위 내에서 선택할 수 있다"(장로교<통합> 헌법시행규정 제2장 정치 제26조 8항).

위의 규정에 준하여 보면 본 교단 소속교회에서 이명한 권사는 당회의 결의와 공동의회에서 과반수의 결의로 신임을 받은 후 교회 권사 훈련과정을 거쳐서 임직자와 같은 절차를 따라 취임할 수 있다. 안수받지 않고 서약만 하고 권사로 임직받았을 경우에는 안수를 받아야 하지만 타 교회에서 안수를 받은 권사는 안수를 다시 받지 않고 취임만 한다.

또한 타 교단 소속 교회에서 이명한 권사의 경우는 본 교회 권사 임직을 위한 모든 절차를 거쳐서 취임하게 된다. 다만 이미 안수를 받아 임직된 권사는 안수는 생략하고 여성 안수가 허락되지 않은 교단 출신인 경우 안수를 받아 취임하여 시무권사가 될 수 있다.

4) 권사의 휴무, 사임, 복직

(1) 권사의 휴무

권사는 항존직이므로 나실인 서약과 같이 평생 짊어져야 할 사명이고 그의 목에 씌운 멍에라고 할 수 있어서 정년인 70세가 되는 연말까지 헌신해야 하지만 권사 본인의 특별한 사정에 의하여 휴무를 해야 할 경우에는 당회에 휴무서를 제출할 수 있고 당회의 결의로 휴무케 할 수 있다.

이는 권사가 단순히 명예가 아니라 섬겨야 할 헌신자이므로 권사로 섬길 수 없는 그의 특별한 사정이 있을 경우에는 그 직에서 휴무를 할 수 있도록 배려한 것이다. 직임을 감당할 수 없음에도 계속 그 직임을 유지할 명예직이 아니라는 말이다. 시무 중에는 상응한 봉사와 섬김이 요구되며, 그런 헌신과 섬김이 불가할 경우는 공식적으로 휴무를 허락받아 그 직분에서 떠나 있도록 하자는 의미이다. 권사는 명예가 아니라 상응하는 섬김을 요하는 직분이기 때문이다.

(2) 권사의 사임

권사 역시 그 직을 사임할 수 있다. 권사가 비록 안수받은 항존직이지만 여러 사정으로 인해 권사직의 본뜻에 따른 헌신이 불가할 경우 그 직을 면할 수도 있다. 권사 사임은 자의로 그 직분을 사임하는 경우와 교회 공동체에 의하여 권고를 받아 사임하는 경우가 있다.

① 자의 사임

자의 사임은 권사가 부득이한 사유로 인하여 시무 사임을 원할 때 교회에 사임서를 제출하면 당회의 결의로 사임케 할 수 있다. 이는 전적으로 권사 자신의 판단으로 권사직 수행이 불가할 경우 당회의 허락을 받아 권사직을 면할 수 있게 하는 제도이다. 물론 사임한 권사도 제직회 언권회원으로 참여할 수는 있다.

② 권고 사임

성도들의 인정을 받고 적법하게 안수를 받아 항존직으로 임직된 권사일지라도 "교회에서 불미스러운 행위를 한 사실이 확인된 때에는 당회의 결의에 의하여 시무 사임을 권고할 수 있다." 그리고 권고에 따라 당사자가 사임서를 제출하면 당회는 권고 사임케 한다. 권사 역시 안수받은 항존직이지만 사임하거나 권징 처리로 면직할 수도 있는 직임이다. 이는 권사직이 신분을 의미하기보다는 직임을 의미한다는 것을 나타낸다. 곧 특정인에게 권사라는 '신분'이나 '특권'을 부여하는 것이 아니라 권사의 '일'을 맡긴다는 의미이다.

③ 신임투표

권사가 그 직을 감당할 수 없을 경우, 또는 교회에서 불미스러운 행위를 한 사실이 확인된 때에라도 권사를 공동의회에서 신임투표로 사임시킬 수는 없다. 정년이 되기 전의 권사 퇴임이나 사임은 자의적 결단에만 의존하며 범죄로 인해서 면직을 당하지 않는 한 신임을 물어 강제로 퇴임시킬 수는 없다. 권사직 역시 하나님께서 위임한 직분이기 때문이다.

(3) 권사의 복직

비록 권고 사임이 된 권사일 경우에도 복직의 길은 열려 있다. 다만 권고 사임이 된 권사가 복직을 원하는 경우에는 권고 사임 사유가 해소되어야 한다. 권고 사임한 권사가 복직을 원할 경우 교회에 복직을 신청하고 당회원 3분의 2 이상의 찬성 결의를 받고 공동의회에서 과반수의 득표로 복직 결의를 받아야 한다. 권사 선택의 경우와 동일하게 교인 과반수의 찬성을 받아 임직 때와 같은 서약을 하여야 복직할 수 있다.

자의 사임한 권사가 복직을 원하는 경우에도 당회원 3분의 2 이상의 찬성을 얻어야 하고, 공동의회에서 과반수의 득표로 복직 결의를 받아야 하며, 임직 때와 같은 서약을 하여야 한다.

5) 명예(협동)권사, 은퇴권사

교회는 필요할 경우 당회의 결의로 세례교인 중에서 명예(협동)권사를 세워 권사의 직무를 협력하게 할 수 있다. 그러나 명예(협동)권사의 경우는 항존직으로 안수하지는 않는다. 그러나 70세 연말이 되는 정년까지 서리집사에 준하여 제직회원으로 봉사할 수 있다.

또한 정년이 되어 퇴임하거나 특별한 사정에 의하여 정년이 되기 전에 퇴임한 권사는 제직회의 언권회원이 된다. 사임한 권사도 제직회 언권회원이 된다.

위에서 언급한 대로 권사 제도는 성경에 나오는 직분은 아니고, 장로교에서 시작된 직분도 아니다. 성경에 나오는 직분은 감독, 목사, 교사, 장로, 집사뿐이었다. 목사와 교사는 예배나 성경교육, 기도 등 주로 영적인 일을 했고, 일반적인 봉사는 '집사'가 했다. 병든 자와 가난한 자, 믿음이 약한 자를 돌보는 현재의 권사 직임은 '장로'가 주로 하는 직임이었다. 그러나 교회 규모가 커지고 치리와 권징 등 장로의 역할이 많은 오늘 우리 시대에는 성도들을 효과적으로 돌보기 위해 필요한 직분이다. 그래서 권사의 직임 역시 중요하고 충성스럽게 헌신할 때 귀하고 영광스러운 직임임이 틀림없다.

권사가 되기 위해서는 물론 하나님의 부르심과 자기 개인적인 분명한 신앙고백을 전제로 하지만 위에서 살펴본 대로 주로 3가지 과정을 통하여 항존직분자로 임직된다. 곧 권사는 하나님의 부르심(소명)과 성도들의 선택(공동의회에서의 피택)과 자신의 응답(헌신)을 통해 권사가 된다. 이는 자신의 생에서 엄청난 사건이다.

그러므로 권사가 된다는 것은 하나님 앞에서의 책임과 성도들에 대한 책임, 그리고 자기 인생에 대한 책임감으로 권사의 직분을 받아야 하고 헌신함으로 이 직분을 감당해야 한다. 하나님의 부르심에 응답함으로 직분을 영광스럽게 수행해야 하고, 자신의 헌신을 통하여 교회의 좋은 지도자가 되어야 한다. 하나님의 부르심이 없이는 권사가 될 수 없고, 자신의 헌신 없이는 권사로 섬길 수 없다. 모든 직분이 다 그렇지만 권사직 역시 자신의 온전한 헌신을 통하여 그 직분을 자랑스럽게 해야 한다.

그동안 한국교회 부흥과 발전, 그리고 목회자의 목회 동역자로 귀히 쓰임 받은 권사직에 대하여 새로운 논의들이 있다. 헌신도에 걸맞은 교회 안에서의 어떤 권한도 없이 목사의 보조자로, 또는 교회 각종 사역의 이름 없이 빛 없이 헌신만이 요구되는 권사직의 고착화는 교회 여성도들의 수고와 역할을 과소평가하게 할 위험이 있다는 것이다. 처음 권사 제도를 시작할 때도 여성 안수나 여성의 교회 지도력을 전적으로 인정하지 못하는 남성 위주의 교회 문화에서 치리권을 가진 남성 장로와 동등한 권리나 직임을 인정하지 않기 위해서 도입한 제도라는 인식이다. 여성들의 교회 봉사나 공헌을 인정하면서 치리권을 허락하지 않는 선에서 그 대안으로 권사 제도를 도입했다는 말이다. 이제 여성의 지위가 향상되고 여성의 역할이 충분히 보장되는 오늘날에는 더 이상 권사의 직분이 필요하지 않다고 주장하기도 한다.

그래서 교회는 계속하여 여성을 권사로 묶어 둘 것이 아니라 남성과 동일하게 교회의 치리권을 인정하는 장로로 세우려는 움직임도 있다. 물론 여성 안수가 허락되고 여성이라도 교인 3분의 2 이상의 지지를 받으면 장로가 될 수 있도록 아무런 제한 없이 문이 활짝 열려 있다. 그러나 권사 제도가 있는 한, 여성 지도자를 교회 치리권자인 장로로 세우려 하기보다 "여성 지도자는 권사"라는 인식이 강하게 자리 잡게 된다. 권사 직분이 계속 남아 있다면 여성을 권사에만 머무르게 하고 장로로는 잘 선출하지 않을 위험이 크다. 이런 주장의 가장 강력한 이론적 배경은 권사 직분이 성경에는 없는 직분이라는 것이다. 그래서 교단에 따라 권사직이 없는 교단이나 교파가 있음으로 보편적 교회 직분이 될 수 없다는 주장이다.

이에 반해 한국교회의 좋은 전통 중에 하나인 권사 제도를 계속할 필요를 강조하는 주장 역시 다수를 차지한다. 권사 제도가 그동안도 귀히 쓰임 받았고 현재에도 여성들의 교회 봉사에 더 적극적으로 참여할 수 있는 제도이고 현실적으로도 아무 부작용이 없이 유용하게 쓰임 받는 일반화된 제도라는 주장이다. 여성들의 교회 봉사 기회를 더 넓혀 주는 좋은 제도를 없애야 할 이유가 없다는 것이다.

사실 중요한 것은 교회에 어떤 직분을 둘 것인가, 그리고 직분자들에게 어떤 권한을 줄 것인가 하는 등 교회에서 어떤 권위나 권한을 갖는 것이 중요한 것이 아니라 이 땅에 어떻게 하나님의 나라를 세우고 교회가 "사람을 살리고 사람을 세우는 역사"를 어떻게 이루어 나갈 것인가가 중요하다. 어느 직분이든지 그 직분을 통하여 어떻게 하나님의 역사를 세워 나갈 것인가가 중요하다. 교단의 정치적인 역학에 따라서 교회 직분의 명칭은 바뀔 수 있지만 중요한 것은 교회의 본래적 사명을 어떻게 감당할 것인가가 중요하다. 직분의 명칭이 어떻게 바뀌더라도 지금까지 권사들이 섬겼던 그 직능은 결코 간과되어서는 안 되고, 직분의 위상보다는 그 직임의 역할이 더 중요하다는 것을 알아야 한다.

어떤 직분이든 교회는 성도들을 보살피고 돌볼 수 있는 직임이 필요하다. 따라서 권사의 그동안의 이런 기능은 결코 과소평가될 수 없으며, 제도적으로 혹은 교회 구조 안에서 존중되어야 한다. 그런 의미에서 직분의 명칭과 관계없이 권사직의 직임은 계속 되어야 하고, 그 직임은 영광스러운 것임을 기억해야 한다.

5
권사의 기본자세

1) 자신을 온전히 세우라

교회를 섬기는 권사로 부름 받은 것은 하나님이 주신 영광스러운 직분이다. 그리스도의 몸을 세우는 직임을 받은 것이기 때문이다(엡 4:1-12). 동시에 책임 역시 크다. 사람을 살리고 사람을 세워서 교회를 세워가야 하기 때문이다. 그래서 권사는 교회를 세우기 이전에 먼저 자신을 온전히 세워야 한다. 온전한 사람이어야 온전한 삶을 살 수 있고, 온전한 삶을 살아야 그의 일도 온전하게 감당할 수 있기 때문이다. 자신이 빈사상태(瀕死狀態)이면서 남을 살리고 세울 수 없기 때문이다.

먼저 자신이 바로 서야 남을 바로 세울 수 있다. 자신이 허약해 무너져 가면서 다른 사람을 세워 줄 수 없기 때문이다. 맛 잃은 소금은 세상을 변화시킬 수 없고, 꺼진 등불로는 세상을 비출 수 없다. 그러므로 중요한 것은 사역을 감당하고 지도력을 발휘할 수 있도록 먼저 자신을 바로 세워야 한다.

지금 우리가 섬겨야 할 교회와 살려야 할 세상은 그렇게 만만하지 않다. 자신이 영적으로 나약한 상태라면 무엇으로, 무슨 힘으로, 무슨 능력으로 교회를 섬기고 세상을 구원할 수 있겠는가? 그래서 예수님은 우리에게 말씀하셨다. 나무가 중요하다고, 좋은 나무가 되어야 좋은 열매를 맺을 수 있다고 하셨다(마 7:17-18). 좋고 많은 열매를 맺으려면 먼저 크고 좋은 나무가 되어야 한다. 나무는 작은데 열매를 많이 맺으면 나뭇가지가 찢어지든지, 아니면 그 열매가 익기 전에 떨어지든지 한다. 큰 사람이어야 큰일을 한다. 능력이 있어야 일을 할 수 있다. "좋은 권사가 좋은 일을 한다." 그러므로 먼저 좋은 권사가 되어야 한다.

교회 사역과 섬김은 자신의 능력으로 하는 것이 아니며 권사의 직임을 잘 감당하기 위해서는 어떤 세상적인 능력이 있어야 한다는 말이 아니다. 세상적인 능력이 필요하기는 하지만 인간적인 재주나 학벌, 혹은 경제적 능력이나 언변이나 수완만을 가지고 할 수 있는 일도 아니다. 교회 섬김은 영적 사역이기 때문에 영적 능력이 있어야 한다.

그러기 위하여 권사는 먼저 영적 능력의 소유자가 되어야 한다. 곧 하나님의 능력 안에 있어야 한다. 하나님의 일은 하나님이 주시는 능력으로 하는 것이기에 권사는 자신의 능력이 아니라 하나님의 능력으로 사명을 감당해야 한다. 작은 일은 자신의 재주로 하지만 큰일은 하나님이 해 주셔야 한다. 그러기 위해 영적 준비가 되어 있어야 한다.

하나님은 누구나 다 쓰시지만 준비된 자가 더 유용하게 쓰인다. 하나님께서는 아브라함을 쓰시기 위하여 그가 준비되도록 30년을 기다리셨다. 우리는 부름 받은 아브라함이 부르심의 응답을 30년 동안이나 기다린 것으로 오해하지만 사실은 아브라함이 아니라 하나님께서 그가 준비되기를 30년이나 기다리셨다. 하나님께서는 모세를 쓰시기 위하여 모세가 준비될 때까지 80년을 기다리셨다. 쓰시기 위해 부르셨지만 쓰실 만큼 준비되기까지는 쓰지 않고 기다리신다. 덜 자란 나무를 베어서 기둥을 만들 목수가 없고, 충분히 부서지지 않은 흙으로 도기(陶器)를 만들 수 없다. 아무리 좋은 과일도 익지 않으면 먹을 수 없고, 아무리 급해도 덜 익은 곡식은 쭉정이가 될 수밖에 없다. 나무는 자라야 하고 곡식은 익어야 하듯이 사람도 성숙하고 준비되어야 하나님께서 쓰신다.

그래서 교회 지도자로, 권사로 세움 받았다고 해도 늘 자신은 부족하고 계속하여 성숙하여야 하는 부족한 존재임을 인정하고 겸손히 배워야 한다. 자신이 더 성장해야 하고 아직 완전한 자가 아님을 인정해야 한다. 저자의 목회 현장 경험으로는 교회 지도자들이나 교회 제직들의 기막힌 저주는 다른 사람은 가르치려고 하면서 자신은 배우려 하지 않는다는 것이다. 만일 교회 현장에서 "그 여자 권사 되더니 사람 버렸다"는 말을 듣는다면 교회도, 자신도 큰 문제가 된다. 그야말로 저주스러운 일이 된다. 다스리고 주장하는 사람이 아니라 섬김과 희생하는 직분자임을 명심해야 한다.

평신도일 때는 순종만 잘하면 된다. 잘 따라가기만 하면 된다. 잘 따라와 주는 것이 헌신이었다. 그러나 권사가 되면 따라가는 사람이 아니라 앞장서서 이끌어 가는 지도자가 되어야 한다. 앞장서 이끌어 가려면 어디로 가야 할지, 어디가 안전한 길인지, 어디가 목표인지를 알아야 한다. 예수님께서 말씀하셨듯이 맹인이 맹인을 인도하면 둘이 다 구덩이에 빠진다(마 15:14). 무능한 자는 지도력을 가질 수 없다. 길을 알아야 길을 인도한다. 그래서 교회 지도자는 스스로 잘 준비되어야 한다. 높은 수준의 비전과 역사관을 가져야 한다. 또 교회를 섬길 수 있는 기본적인 신앙 양식이나 교회 섬김에 필요한 지도자로서의 소양이 있어야 한다. 하나님의 뜻을 알고 시대적 부르심과 가치를 알고 교회 비전과 자신이 섬기는 교회 목회자의 목회 철학까지 잘 알고 있어야 한다.

목회자의 목회 활동은 언제나 항존직분자들과 더불어서, 또 항존직분자들을 통하여 이루어진다. 항존직분자들의 도움을 받고 함께 실행한다. 그러므로 목회의 파트너인 항존직분자들은 높은 수준의 지도력을 갖추고 있어야 한다.

목사가 목사로서의 소명과 목회를 실천할 수 있는 소양과 높은 이상과 심오한 목회 철학을 가지고 있어도 그것을 시행하고 실제로 목회에 적용하기 위해서는 교회 지도자들의 동의와 협력이 필요하다. 그러기 위해서는 그에 걸맞은 교회 지도자들의 의식과 능력이 필요하다. 실제로 목회는 항존직분자 수준을 넘지 못한다고 한다. 목사는 그 교회 제직의 영적, 신앙적, 인격적 수준이 어떻든 제직들과 손잡고 일할 수밖에 없기 때문이다. 교회 지도자들이 목사에 버금가는 수준 높은 사람들이든지, 아니면 정말 소심하고 천박한 사고방식을 가진 사람이든지 간에 교인들이 뽑고 제직으로 안수하면 목사는 그 사람들과 같이 일해야만 한다. 평신도 중에 아무리 수준 높고 고매한 인격을 갖춘 평신도가 있어도 그분들보다는 제직들과 같이 일할 수밖에 없다.

목회자는 항존직분자들의 수준에 맞추어서 그들과 함께 일하고 그들과 같은 눈높이로 목회해야 한다. 그래서 제직들이 시야를 넓히고 높은 안목을 가지고 목사를 도우면 목사가 큰일을 할 수 있지만, 제직들의 안목이 좁고 폐쇄적이고 부정적이고 천박하면 아무리 유능한 목사도 무능한 지도자로 전락할 수밖에 없다. 제직들이 목사의 날개를 펴지 못하도록 하면 아무 일도 하지 못하는 무능한 목회자가 될 수밖에 없다.

그 교회 지도자들의 수준이 그 교회의 수준이다. 목회자는 교회 지도자들과 함께 일한다. 그러므로 목사도 유능해야 하지만 교회 지도자들 역시 유능해야 한다. 목회자가 아무리 유능해도 교회 지도자들이 따라오지 못하면 목회자의 손발을 스스로 묶을 수밖에 없다.

서로 다른 수준은 갈등을 야기하고 교회의 하나됨을 깰 수 있다. 사람들은 자신보다 더 유능한 사람을 존경하거나 따라 배우려고 하기보다는 무너뜨리는 경우가 많다. 자신의 부족에 대한 배상을 다른 사람에게서 받으려 하는 습성이 있다. 자신의 부족한 문제의 원인을 타인에게서 찾으려 하는 습성이 있다. 겸손히 자기 부족을 인정하고 배우려고 하기보다는 다른 문제로 갈등을 조장하려고 한다. 그래서 유능한 목회자는 교회 지도자들의 수준에 자신을 맞추고 그들의 언어나 사고방식의 한계를 넘지 않는다. 갈등 유발을 막고 그나마 화합의 장을 유지하고 평화로운 목회 현장을 만들려고 하기 때문이다.

그러므로 목회자는 교회 지도자들의 수준 이상을 넘어가기 힘들다. 말을 해도 알아듣지도 못하고 비전이나 계획을 의논하고 나눌 수 없는 그런 지도자라면 함께 일하기 어렵다. 그래서 권사로서의 자신의 수준을 높여야 한다. 목회자를 숨 막히게 하지 말라. 높은 수준의 지도력을 가지라. 의식이나 감정이나 비전이나 가치를 높여야 한다. 목회자를 마음으로만 혹은 말로만 돕지 말고 사역으로, 직무로 돕고 함께하는 온전한 목회 동역자로 자신을 세우는 것이 권사 됨의 바른 자세이다.

제직들, 특히 권사들은 교회의 비전과 미래에 대하여 그 안목을 넓혀야 한다. 큰마음을 가지고 통을 키워야 하고 목사의 목회 비전을 함께할 수 있을 만큼 공부하고 마음을 넓게 하고 기도해야 한다. 교인들은 열심히 배우는데 제직이 되면 안 배워도 된다고 생각한다. 목사와 교인들은 계속 성장하는데 제직은 제자리걸음을 하는 경우도 있다. 그러면서도 교회 정책에 관여하고 목사가 하는 일에 간섭하려고 하니까 교회가 힘들어지고 분쟁이 일어나게 된다. 제직이 되기 위해 성장하는 것이 아니라 제직이 되었으니 더 성장해야 한다.

권사는 높은 수준의 도덕성을 가져야 한다. 돈을 좋아하지 말고, 도(道, 말씀)를 좋아하라는 말이 있다. 사람들은 "잘 살아 보세"라고 해도, 권사들은 "바로 살아 보세"라고 해야 한다. 온몸을 통째로 드려 헌신하는 품격 있는 권사가 되어야 한다. 권사는 선견자가 되어야 한다. 시대를 앞서가는 교회가 되려면 먼저 보고(先見) 바로 보는(正見) 지도자가 필요하다. 시대를 분별하는 통찰력과 고상한 인격이 뒷받침되어야 한다.

　중요한 것은 진리 안에서 자유해야 한다는 것이다. 교회 지도자들은 무슨 일이든지 정치적으로 해결하려고 하지 않아야 한다. 신앙적으로 해결해야 한다. 정치는 힘의 역학을 따르기 때문이다. 그러므로 교회 지도자는 "먼저 그의 나라와 그의 의"가 고려되어야 한다. 교회에서는 진리가 세워져야 하고 진리에 복종해야 한다. 정치적인 우위에 서려고 해서는 안 된다. 정치적으로 남을 이기려 하지 말아야 한다. 사람이 인정해도 하나님 앞에 버림받으면 소용없다. 권사는 권사의 방법으로 해야 한다. 분수를 넘으면 안 된다. 권사는 말이나 행동이나 사역이나 삶으로도 권사다워야 한다.

　교회는 권사가 직임을 잘 감당할 수 있도록 훈련과정을 갖게 하는 것이 좋다. 하나님의 부르심과 성도들의 선택, 그리고 자신의 헌신을 통하여 권사의 직분을 받았으니 권사의 직임을 잘 감당하기 위하여 반드시 지도자 훈련과정을 거치는 것이 좋다. 이는 의무이기보다는 특권이라고 할 수 있다. 선택되었기 때문에 받는 직무 훈련이기 때문이다. 한국교회의 약점은 사람을 선택해서 임직시켜 놓았지만 그 직분을 잘 감당하도록 직무 훈련을 소홀히 하는 것이다.

　권사 스스로도 직무 훈련에 대하여 관심을 가져야 한다. 임직 전 의무로 하는 3개월 훈련이야 임직을 위한 한 과정으로 받아들이지만 임직 후 제직으로서, 항존직으로서의 직임을 잘 감당하기 위한 훈련은 소홀히 할 염려가 있다. 물론 교회에서 제직수련회나 헌신예배를 통하여 사명감을 고취시키지만 구체적 실무 훈련은 소홀히 생각한다. 권사는 그 직임을 감당하기 위한 고유한 직분으로 이해하기보다는 집사로 오래 봉사한 사람에게 교회가 주는 어떤 명예나 교회의 예우 정도로 생각하기 때문이다. 아무리 충성스러운 권사라고 해도 그 직분에 대하여 바로 인식하지 못하고 직무에 대하여 바로 알지 못한다면 그런 권사에게서 기대할 수 있는 것이 별로 없다. 사람이 나빠서도, 충성심이 부족해서도 아니다. 자신의 정확한 직임이나 그 직임을 수행할 충분한 훈련이 부족함이 문제이다. 그래서 교회는 적당한 훈련으로 권사를 세워야 하고 권사 스스로도 철저한 훈련과 교육을 통하여 자신을 온전한 권사로 세워야 한다.

한국교회는 누구든지 열심만 있으면 다 할 수 있고 열심히만 하면 다 된다고 생각하는 경우가 많다. 개인적인 믿음은 열심만 가지고 가능할지 몰라도 교회라는 공동체의 각자의 직임이 주어지는 경우 모르고 하는 열심이나 잘못된 열심은 도리어 교회 공동체에 폐를 끼치고 문제를 야기할 수 있다는 것을 명심해야 한다. 그래서 직분자가 되거나 되기 위해서는 그 직분의 직무 능력을 충분히 익히고 그 능력으로 충성을 다 하는 것이 바른 태도이다.

권사가 부끄러울 것이 없는 일꾼으로 인정된 자로 자신을 하나님 앞에 드리기 위해서는 진리의 말씀을 옳게 분별하여야 한다(딤후 2:15).

그래서 공식적이든 비공식적이든 자신을 온전한 자로 세우기 위하여 노력해야 한다. 생각이 굳어 버려서 고집만 남는 어른이 되지 않도록, 경직된 사고와 아집에 사로잡히지 않도록 자신의 생각의 폭을 넓히고 사고의 유연성을 잃지 않도록 늘 깨어 있어 자신을 세워야 한다. 직권으로나 나이나 관록으로 성도들을 지배하려 하지 말고 분명한 식견과 삶의 분별력과 통찰력으로 이끌어 가야 한다.

권사는 말씀의 분별력이 있어야 한다. 지금 한국교회는 이단 사상이 난무하고 있다. 수많은 기독 언론을 표방하는 신문이나 방송, 유튜브 등 정보 전달 매체가 많다. 유익한 정보도 있지만 유해한 정보, 거짓된 정보들이 마구 쏟아져 나온다. 이런 때이기 때문에 이제 권사들도 시대를 분별하고 정보의 정확성을 알 수 있는 시대적 감각도 필요하다. 많은 정보가 필요하기보다는 정확한 정보, 진리에 대한 확신과 분별력이 있어서 성도들을 바로 지도하고 이끌어 가야 한다. 많은 정보를 알고 있는 것이 중요하고 그것이 곧 지식이지만, 그보다 더욱 더 중요한 것은 진리의 말씀을 옳게 분별할 수 있는 능력이다. 깊은 영성과 동시에 냉철한 지성이 있어야 하고, 많은 정보의 습득도 중요하지만 정보에 대한 분별력도 중요하다.

특권은 특별한 책임을 동반한다. 권사 역시 영적 나실인이라는 특권을 가진 사람이며 믿어 구원을 얻을 뿐 아니라 하나님의 부르심과 성도들의 선택을 받고 교회의 안수를 받아 임직한 교회 지도자이다. 교회를 맡은 사람이고 성도를 세우고 교회를 세우는 특권을 받은 사람이다. 그러므로 자신을 온전히 드려 영적 나실인으로 살아야 한다. 특권을 가졌지만 그 특권을 하나님을 위해서만 사용하여야 한다.

우리는 성경 사사기의 나실인 삼손으로부터 배운다. 그는 태어날 때부터 나실인이 되어 어느 누구도 당할 수 없는 큰 힘을 가진 천하장사의 특별한 축복을 받았다. 그는 그 큰 힘을 그의 사명을 위하여 사용했어야 했다. 특권을 받았으니 책임도 컸다. 그러나 그는 그 특권을 오용함으로 축복이 저주가 되게 했다. 당시에도 보통 사람들에게는 머리 깎는 것, 이발하는 것이 죄가 아니다. 누구나 다 머리를 깎을 수 있었다. 여자에게 머리 깎이는 것도 죄는 아니다. 그러나 삼손은 나실인이기 때문에 그에게는 그것이 무서운 죄가 되었다. 나실인은 이발조차도 하나님의 명을 따라야 했기 때문이다. 그래서 그는 남들이 다 하는 이발을 한 것이 그의 천추의 한이 될 범죄였고, 자기 민족을 블레셋의 종이 되게 하는 엄청난 결과를 초래했다.

논리는 간단하다. 나실인은 나실인으로 살아가야 한다. 성도는 성도로 살아가야 하고, 권사는 권사로 살아가야 한다. 하나님의 백성은 하나님의 법으로 살아가야 하고, 특히 교회 지도자인 권사는 세상을 닮지 말고 세상을 가르쳐야 한다. 권사가 세상을 닮을 것이 아니라 세상이 권사를 닮아야 한다. 어떤 경우에도 성도는 이 세대를 본받지 말고 오직 마음을 새롭게 함으로 변화를 받아 하나님의 선하시고 기뻐하시고 온전하신 뜻이 무엇인지 분별하도록 해야 한다(롬 12:2).

권사는 교회를 맡은 사람이다. 하나님께서는 맡은 자들에게는 충성을 요구하신다(고전 4:2). 목사의 목회의 성패도, 성도들의 신앙생활도, 교회의 부흥 성장도 맡은 자들의 책임이다. 교회가 지도자를 세우는 이유는 성도를 온전하게 하여 봉사의 일을 하게 하며 그리스도의 몸을 세우기 위함이다(엡 4:11-12).

2) 거룩한 소원을 두고 행하라

현재의 삶이 미래를 결정하기도 하지만 미래의 기대가 오늘의 삶을 결정하기도 한다. 그래서 권사는 교회 지도자로서 교회의 미래에 대한 거룩한 소원을 가지고 있어야 한다. 권사로서 평생 이루기를 원하는 거룩한 소원, 자신이 권사가 되었다는 것이 하나님의 뜻이기에 자신을 통해 이루실 하나님의 계획이 자신의 삶과 섬김을 통해 이루어지기를 원하는 간절한 소원을 가져야 한다.

신앙은 기대이다. 성도는 무슨 일을 하든지, 어디를 가든지 늘 하나님께 대한 기대를 갖는다. 그러면 하나님께서는 그 기대를 실망시키지 않으신다. 성도는 매일 하나님께서 자신을 통하여 무엇을 어떻게 하실지 기대를 해야 한다. 하나님께서 우리에게 매일 매일 그날 주실 은혜가 있다. 그날 안 받으면 영원히 못 받고 넘어갈 그날에 주실 은혜가 있다. 매일 매일 그날에 주실 그 은혜를 사모하는 거룩한 소원을 가지고 사는 삶이 성도의 삶이다. 그래서 성도는 매일 매일 하나님의 은혜를 누리고 살고, 나아가서 매월 매년 그리고 자신의 일생을 통해 이루기를 원하는 거룩한 소원이 있어야 한다. 그것이 바로 자신의 삶의 비전이다. 물론 그 비전은 잘 먹고 잘 살다가 끝나는, 자기 명예만을 높이고 소유를 많이 가지는 세상적인 어떤 성공에 대한 꿈이나 비전이 아니라 거룩한 소원, 하나님의 영광을 위한 것이어야 한다. 내가 세상에 태어나서 무엇인가 흔적을 남길 만한 거룩한 소원을 하나쯤 가져야 한다.

먹고 살기도 바쁜데, 가족들 건사도 힘든데, 교회 직분 감당하기도 힘든데, 살아가기도 힘든데 꿈은 무슨 꿈, 한가한 소리라고 생각하지 말라. 성도는 그런 무가치한 존재가 아니다. 하나님이 우리를 지명하여 부르셨다. 우리는 거룩한 하나님의 자녀들이다. 대한민국을 짊어지고 갈 그런 거창한 소원이 아니어도 좋다. 주님으로 인해 내가 먼저 변화되고 나로 인해 주변 사람들이 행복해지는 작은 소원일지라도 거룩한 소원 하나쯤은 가지고 살아야 한다.

거룩한 소원은 거룩한 기도이다. 비전(Vision)을 가지고 간절함을 가지면 가당치도 않은 일, 턱도 없는 일, 전혀 내 능력으로는 불가능한 일도 마음속에 거룩한 욕심이나 소망을 가지고 있으면 어느 날 그것이 반쯤 성취되었음을 발견하게 된다. 달걀을 품으면 병아리가 깨어나듯이 거룩한 소원을 품으면 역사가 일어난다. 전혀 안 이루어져도 거룩한 소원을 가지는 것만으로도 복을 받고 축복을 누린다.

우리는 다윗에 대하여 잘 안다. 그는 성전을 건축할 거룩한 소원을 가지고 있었다. 그러나 하나님은 그의 성전 건축을 허락하지 않으셨다. 그는 성전 건축의 꿈을 끝내 이루지 못했다. 그러나 다윗은 소원을 이루지는 못했지만 거룩한 소원을 가진 것만으로도 한없이 큰 축복을 받았다. 하나님께서 비록 다윗에게 성전 건축을 허락하지는 않으셨지만 그가 거룩한 소원을 가진 것만으로도 너무 기뻐하시면서 다윗에게 파격적인 축복을 하셨다.

구약성경 역대상 17장을 보면 하나님께서 성전 건축에 대한 다윗의 소원을 기뻐하시면서 나단 선지자를 통하여 다윗에게 "네가 어디로 가든지 내가 너와 함께 있어 네 모든 대적을 네 앞에서 멸하였은즉 세상에서 존귀한 자들의 이름 같은 이름을 네게 만들어 주리라"(8절)고 약속하셨다. 그리고 11절에서 14절까지 계속하여 아들이 왕이 되어 그 나라가 견고하게 될 것이고 그가 성전을 세울 것이고 그의 왕위를 견고하게 할 것이라고 축복하신다. 거룩한 소원을 가지면 그것만으로도 하나님께서는 좋아하시고 축복하신다.

거룩한 소원(비전)을 가지면 그것만으로도 축복이다. 거룩한 소원을 가지면 먼저 그의 언어, 행동, 생각이 달라진다. 소망이 없는 사람은 현실을 대충 살게 되고, 소망이 분명한 사람은 오늘을 바로 산다. 사람은 그 마음에 품은 것에 따라 생각하고 행동한다. 소원을 따라 생각하고 말하고 행동한다. 행동이나 언어는 그 마음에 품은 것의 표현이다.

거룩한 소원을 가지면 그의 가치관이 바뀐다. 마음에 품은 소원을 따라 새로운 가치관이 만들어진다. 거룩한 소원을 가지면 그 가치관 역시 거룩하게 되고 거룩한 것을 추구하게 된다. 거룩한 소원을 가지면 변화(회복)가 일어난다. 거룩한 소원을 가지면 언어, 행동, 습관, 지향하는 삶의 목표가 바뀐다. 악하고 나쁜 습관이 거룩하게 되고 행동이 달라진다. 따라서 문제가 해결되고, 삶이 형통하고, 인생도 달라진다. 인생의 목표가 분명해지고 거룩한 욕심이 생긴다. 삶은 교육으로 바뀌는 것이 아니라 그의 소원을 따라 바뀐다.

거룩한 소원을 가지면 삶의 길이 열리고, 소원이 거룩해지면 살아가는 방법 역시 달라진다. 인생 문제에서 '목적'만 분명하면 '방법'은 얼마든지 있다. 하나님께서 열어 주시는 문으로 들어가면 평탄한 인생길이 된다.

3) 사람을 살리고 사람을 세우라

하나님께서 독생자 예수 그리스도를 이 땅에 보내신 것도, 예수님이 이 땅에 사람 되어 오셔서 고난의 길을 가시고 십자가에서 보혈의 피를 흘리심도, 보혜사 성령님께서 이 땅에 오셔서 교회를 세우시고 교회를 섬길 직분자를 뽑아 세우신 일도 다 "사람을 살리고 사람을 세우기 위함"이다. 그래서 권사로 부름 받아 임직된 권사가 해야 할 가장 중요하고 우선적인 일도 바로 사람을 살리고 세우는 일이다.

사람을 살리는 사역은 일반적으로 전도를 통하여 이루어지는 일이고 교회 모든 사역의 목적은 여기에 있기에 권사의 모든 활동이 사람을 살리기 위한 활동이다. 그러므로 이 주제는 본서에서는 특별히 언급하지 않아도 될 주제이지만 권사의 교회 섬김에서 가장 중요한 일은 사람을 세우는 사역임을 기억해야 한다. 사람을 세우는 일은 사람을 살리기 위한 기초적인 작업이기도 하다.

교회는 사람을 세워야 한다. 권사의 일차적인 사역이 사람을 세워주는 사역이다. 돌아보면 필자 역시 어린 시절부터 많은 교회 지도자들에 의하여 세워진 사람이다. 나는 경상도 산골 출신으로 참 어리바리한 아이였다. 그러나 교회에서 좋은 어른들을 만나서 이렇게 성장하여 목회자가 되었고 부족했지만 목회 여정을 잘 마칠 수 있었다. 그래서 나는 늘 "인복이 많은 사람"이라고 자랑을 한다. 사람을 살리고 사람을 세우는 지도자가 가장 위대한 지도자이다.

지도자는 어리석은 사람을 지혜로운 사람으로 세운다. 교회 지도자들의 "사람을 세우는 사역"의 혜택을 가장 많이 받은 사람이 바로 저자 자신일 것으로 생각한다. 그래서 나는 늘 감사한 마음을 가지고 있다. 저자는 시골교회에서 목회를 시작했다. 충북의 면단위 작은 교회에서 전도사로 시무하던 중 연면적 120평의 작은 교회이지만 자력으로 교회를 건축하는 경험을 했다. 교인들이 많지 않았고 또 농사로 바쁜 교인들이 교회 건축에 간여하기에는 한계가 있었다. 그래서 전도사인 내가 건축 작업을 도맡아서 해야 했다. 기술이 필요한 부분이야 기술자를 불러서 했지만 각종 심부름이나 허드렛일은 전도사인 나의 차지였다. 충분치 못한 건축 재정으로 교회를 건축하려니 건축비를 줄이기 위해서 때로는 붉은 벽돌이나 건축자재를 직접 짊어지고 4층 옥상까지 운반하는 일도 해야 했다. 그렇게 교회를 짓느라고 내 몰골이 말이 아니었다. 신발도 작업하기 편리한 털신을 신고 다녔고 복장 역시 작업복이 정복이었다. 어려움 가운데도 교회 건축을 다 마쳐 준공을 했다.

건축을 마친 얼마 뒤 무명의 시골 전도사를 어떻게 알았는지 어느 날 밤 서울에 있는 중형교회의 담임목사님으로부터 목사 안수를 해 줄 터이니 부교역자로 오라는 전화를 받았다. 나 역시 목사 안수를 받아야 하는 시기였지만 섬기던 교회는 목사를 모실 만한 능력이 안 되었고, 또 서울 목회도 한 번 해 보고 싶은 인간적인 욕심도 있었다. 그래서 갑자기 서울의 교회로 부임하게 되었다. 부임은 했지만 정말 낯설고 불안했다. 지금과 달리 그때만 해도 서울과 시골의 문화적 차이는 컸고, 시골 문화에 익숙해 있던 내가 서울 문화와 서울에 있는 교회에 적응하기에는 스스로 많이 위축되었다. 그래서 "나도 서울 목회를 할 수 있을까?" 하는 두려움이 있었다.

건축으로 찌든 몰골이나 투박한 태도, 거기다가 사투리로 뒤섞인 말투, 나 스스로도 촌티가 흐르는 투박한 시골뜨기 전도사였다. 정말이지 부임 설교를 하는 날은 내가 무슨 설교를 했는지 스스로도 알 수 없이 횡설수설했고, "이 설교를 끝으로 교인들에게 퇴짜를 맞고 다시 시골로 쫓겨갈지도 모른다"는 불안감으로 마음이 불편했다. 그런데 나는 지금도 그때 그분들의 배려와 사람을 세워 주는 아름다운 섬김을 감사로 기억한다. 설교를 마치고 내려오자 장로님들과 권사님들이 나에게 다가와서 한결같이 나를 격려해 주었다. "전도사님, 조금만 더 열심히 하면 아주 훌륭한 목사님이 될 수 있을 것 같습니다. 설교를 아주 잘 하십니다." 물론 나는 그 말이 괜한 칭찬인 줄 알았지만 얼마나 위로가 되고 고무되었는지 지금도 부끄러우면서도 감사로 기억한다.

그 뒤 금요일에는 담임목사님의 지시로 구역 지도자 성경공부 강의를 했다. 역시 나 스스로도 부끄러울 정도의 횡설수설 강의였다고 기억한다. 그런데 그날도 권사님들이 다가와서 "전도사님, 강의에 탁월한 능력이 있습니다. 조금만 더 열심히 하면 탁월한 목회자가 될 것 같습니다. 힘내시고 열심히 하세요"라고 말씀해 주셨다. 그 뒤에도 교회 지도자들의 격려와 칭찬, 그리고 나를 세워 주기 위한 노력은 계속되었고, 나중에는 나도 그 칭찬이 사실처럼 느껴져서 "나도 열심히 하면 서울 목회도 할 수 있겠다"는 자신감을 가지게 되었다.

그 후 그 교회에서 나를 부목사로 청빙해 주어서 목사 안수를 받았고, 또 대학원에 보내서 상담심리학 석사과정을 마칠 수 있도록 나를 세워 주었다. 수십 년이 지난 몇 년 전 서울의 어느 집회에서 만난 한 권사님으로부터 들은 이야기이지만 그때 그 권사님들이 당시 추운 지하실에 모여서 나를 위하여 기도했다고 한다. 나는 지금까지 몰랐던 이야기지만 사람을 세우려는 그분들의 그런 섬김으로 오늘 내가 있게 되었다는 것을 알게 되며 감사의 제목이 되었다.

무능한 나를 세워 주기 위한 교회 지도자들의 노력은 또 다른 교회에서도 경험했다. 도심의 제법 규모가 있고 전통이 있는 교회에서 부목사로 섬길 때였다. 총회장 임기를 마치신 담임목사님께서 갑자기 사임을 하셨다. 총회장을 마치면 은퇴를 하시겠다고 한 평소의 약속을 실천하신 것이다. 연말 마지막 당회를 인도하시던 당회장이 갑자기 본인의 사임 의사를 피력하시고 대리당회장으로 나를 지명하여 40살의 어린 나이로 역사와 전통을 자랑하는 교단 대표 교회 중의 한 교회의 대리당회장으로 교회를 이끌어 가게 되었다.

봄이 오고 사순절이 되어 뭔가를 해야 한다는 조급한 마음으로 당회에 "사순절 특별새벽기도회"를 제안했다. 당회는 아무 이의 없이 허락을 했고 광고를 하고 교회 역사상 처음으로 사순절 특별새벽기도회를 하게 되었다. 도심에 있는 교회이고 교인들이 거의 서울 외곽에서 오시는 분들이 많기 때문에 평소에도 새벽기도회가 잘 안 되는 교회였고 별로 가능성이 없는 특별새벽기도회였지만 당회원들은 반대 없이 허락을 했다.

당회의 허락에 힘입어 나는 순진하게도 성회 수요일부터 부활주일 전까지 대략 50여 일을 특별새벽기도회 기간으로 정하고 광고를 하고 준비를 했다. 그런데 광고를 들은 교인들, 특히 구역 지도자들과 권사님들이 큰 걱정을 하셨다. 도심에 있는 교회가 외곽의 성도들에게 새벽기도회 참석을 요구하는 것은, 그것도 50여 일이나 되는 긴 기간 동안 교인들을 새벽에 불러내기는 거의 불가능하다는 것이었다. 다른 부목사들 역시 가능하지 않은 일을 철없이 시작한다고 비난하는 눈치였다. 사순절은 다가오는데 정말 마음고생이 많았다. "몇 명이나 나오겠느냐?"고, 철없는 부목사가 대리당회장을 한다고 만용에 가까운 괜한 시도를 해서 창피하게 끝날 것이 너무나 자명하다는 소리가 들려왔다.

정말 마음고생이 많았고 하나님께 간절히 기도하며 준비했다. 당일 몇 명이나 나올지 너무 걱정이 되어 꼭두새벽에 교회로 나가 혼자서 강단 앞에 엎드려 기도하였다. 새벽예배 시간이 다가왔지만 뒤를 돌아 회중석을 바라볼 용기가 나지 않았다. 시간이 되어 할 수 없이 일어나서 강단에 올라가 회중석을 바라보면서 너무나 놀랐다. 예배당 2층까지 교인들로 가득 차서 조용히 기도하며 시작 시간을 기다리고 있었다. 얼마나 놀랐는지, 필자도 놀라고 성도들 상호 간에 서로 놀라고, 당회원들 역시 놀랐고, 다른 교역자들도 놀랐다고 한다. 그래서 그 해의 사순절은 교회 가득 은혜가 넘쳤고 온 교인들이 기쁨으로 사순절을 충만한 은혜 가운데 보냈다.

필자 역시 목회생활에서 참으로 중요하고 감격적인 경험을 했다. 함께 새벽예배를 드리고 아침식사를 같이 나누고 곧바로 출근을 함으로 멀리 떨어져 살고 있는 교인들이지만 무난히 새벽기도를 같이 할 수 있었고 전에 나누지 못한 교회 가족과의 깊은 친교의 기회가 되었다. 수십 년이 지난 지금도 그 교회 교인들을 만나면 그때의 감격을 자랑스러운 추억으로 이야기한다.

어떻게 가능한 일이었을까? 이유는 간단했다. 교회 지도자들도, 또 교인들도 "젊은 목사가 잘해 보려고 하는데 나라도 나가서 도와주자"는 마음으로, "비록 상황판단을 잘못하고 무모한 시도를 한 젊은 목사이지만 잘하려고 하는 일이니 실망시키지 말자"는 마음으로 모두들 그렇게 모여온 것이다. 사람을 세워 주려는 그 아름다운 헌신이 그런 기적을 만들 수 있었다. 그렇다. 교회 지도자는 무슨 일이든, 비록 부족하고 무모한 시도를 하는 목사라도 실망시키지 말고 서로 도와주고 세워 주자는 마음이 있을 때 합력하여 선이 이루어진다. "목사가 현실성 있는 일을 하느냐? 아니냐?"를 판단하기 전에 "어떻게 도와줄까?"를 먼저 생각한 그분들의 헌신이 실없는 해프닝으로 끝날 목사의 무모한 시도를 축복의 기회로 바꿀 수 있었고 철없는 목사를 깨우쳐 주는 복된 기회가 되었다.

나는 지금도 생각한다. 만일 그분들이 촌뜨기 전도사의 어설픈 설교를 비난했다거나 황당한 일을 무모하게 저지르는 젊은 목사를 엉뚱한 사람으로 취급했다면 나는 오늘 이만큼의 목사라도 못되었을 것이다. 그럴 만한 인물이 못되는 나를 그분들이 세워 주었다. 정말 교회 지도자가 할 가장 중요한 일은 사람을 세워 주는 일이다. 어떤 교회가 좋은 교회일까? 건물이 웅장한 교회, 사람이 많이 모이는 교회가 아니다. "사람을 살리고 사람을 세우는 교회"가 좋은 교회이다. 어떤 지도자가 좋은 지도자인가? "사람을 세워 주는 지도자"가 좋은 지도자이다.

교회는 잘하는 사람, 능력 있는 사람만 모이는 곳이 아니다. 잘하는 사람은 칭찬하고 부족한 사람을 세워 주고 키워 주고 만들어 주는 공동체가 좋은 교회 공동체다.

부족해도 격려와 칭찬으로 사람을 세워 주어야 한다. 부족한 사람도 서로 세워 주면 바로 설 수 있다. 권사는 늘 교회에서 세워 주어야 할 사람을 찾아서 격려하고 세워 주어야 한다. 그래서 늘 "오늘 누구를 격려할 수 있을까? 누구를 키워 줄까? 누군가의 삶을 어떻게 좋은 방향으로 이끌 수 있을까?"를 생각해야 한다. 사람 세우는 것만큼 위대한 일은 없다. 인간 경영만큼 위대한 투자는 없다. 교회는 다른 어떤 사업보다 사람 세우는 일을 우선해야 한다. 교회는 건물이 아니다. 교회는 공동체다.

권사는 사람의 미래를 세워 주어야 한다. 사람을 키워야 한다. 사람을 보는 시각을 바꾸어야 한다. 현재가 아니라 그 사람의 미래를 봐야 한다. "될성부른 나무는 떡잎부터 보면 안다." 그러나 될성부른 사람은 어릴 적부터 봐서 모른다. 하나님이 그 사람을 어떻게 세우고 어떻게 쓰실지 사람의 미래는 모른다. 사람을 볼 때는 그 사람의 잠재력을 볼 수 있어야 한다. 다른 사람의 잠재력을 믿어 주어야 한다. 설사 그 사람이 옳은 길에서 벗어나 있더라도 포기해서는 안 된다. 관심을 보이고 변함없는 신뢰를 보내면 그들은 반드시 달라진다. 현재 모습만 보면 믿어줄 수 없다. 잠재력에 주목해야 한다. 하나님은 온 세상을 그렇게 운영하신다. 애벌레의 어디에도 나비가 될 것 같은 부분은 없다. 굼벵이에서 매미의 모습은 찾아볼 수 없다. 그러나 환골탈태(換骨奪胎)하니 징그러운 애벌레가 나비가 되고, 징그러운 굼벵이가 나비가 된다. 교회는 사람을 환골탈태하게 하는 공동체다. 사람들을 환골탈태하게 하는 권사가 되라.

교회 지도자는 보이지 않는 것을 볼 수 있어야 한다. 작은 씨 안에 담긴 나무를 볼 수 있어야 한다. 작은 씨를 작은 알갱이로만 보지 말고 거기 담겨 있는 엄청난 가능성으로 볼 수 있어야 한다. 씨를 심는 것은 나무를 심는 것이다.

예수님은 어디를 가나 사람들이 스스로 보지 못하는 잠재력을 봐주셨다. 그분은 눈앞의 약점이나 흠이 아닌 뻗어갈 미래에 주목하셨다. 베드로는 모난 구석이 정말 많은 사람이었다. 성질은 급했으며 말도 많았다. 그러나 예수님은 그의 실수에도 불구하고 "저런, 최소한 너보다는 성숙한 사람을 다시 찾아야겠다"고 말씀하지 않으시고 베드로가 가진 모든 가능성을 다 끌어내어서 결국 그를 충성스런 수제자가 되게 하셨다. 베드로 안에 아무리 많은 잠재력이 있었다고 해도 예수님이 그 잠재된 능력을 발휘할 기회를 주시지 않았다면 그 잠재력은 평생 빛을 보지 못했을지 모른다. 조약돌(게바)에 지나지 않는 베드로를 반석(베드로)이 되게 하신 것이다. 예수님은 아마 "너는 지금은 조약돌에 불과하지만 내가 너를 다듬으면 바위가 될 거야. 너는 강하고 견고하고 튼튼해질 거야"라고 생각하시고 베드로를 결국은 반석으로 세우셨고 그 믿음 위에 교회를 세우셨다.

주님은 그의 실수도, 배신도 용납하셨다. 주님을 3번이나 부인한 베드로를 다시 찾아서 격려하시고 결국 그를 믿어 주고 그에게 양을 맡기셨다(요 21장). 그러니 그가 예수님을 위해 십자가를 거꾸로 지는 순교를 하지 않을 수 없었을 것이다.

칭찬을 아끼지 말라. "칭찬은 고래도 춤추게 한다." "칭찬은 서로를 하나로 묶어 주는 접착제다." 좋은 관계를 떼어놓으려는 요인들이 지천에 깔린 오늘날, 친절한 말 한마디는 천금보다도 귀하다. 그래서 지도자는 때로 칭찬을 좀 남발해도 좋다. 칭찬은 마음만이 아니라 말로 표현해야 한다. 우리 사회는 비판과 냉소와 흠잡기로 한없이 어두워져 있다. 잘못된 점을 지적하는 일에는 재빠르지만 잘한 점을 찾는 일에는 그렇게 느릴 수가 없다. 사람들을 무너뜨리기보다는 세워 주라. 자신이 만나는 모든 사람을 더 좋게 변하게 하도록 최선을 다하라.

다른 사람의 전문성을 인정해 주는 것도 지도자의 중요한 덕목이다. 서로의 전문성을 인정하라. 어떤 장로님을 내 자동차 옆자리에 태워 준 일이 있었다. 그런데 그분이 본인은 운전도 못하면서 곁에서 내 운전을 간섭했다. "이리 가라, 저리 가라, 이 길이 빠르다, 저 길이 더 좋다"는 등 그때 나는 그분의 간섭이 참 싫었다. 남의 전문성을 간섭하지 말고 인정해 주어야 한다. 의사 앞에서는 병에 대하여 아는 척하지 말라. 교수 앞에서 학문을 아는 척하지 말라. 요리사 앞에서 요리를 아는 척 말라. 그의 전문성을 인정해 주라. 교회 지도자도 목사의 전문성을, 교사들의 전문성을, 찬양대의 전문성을, 그리고 다른 성도들의 전문성을 인정해 주어야 한다. 자동차는 운전수에게 맡겨라. 그래서 교회 지도자는 서로에게 날개를 달아 주어서 함께 비상(飛上)하도록 해야 한다. 어떤 교회는 지도자들이 날아갈 수 있는 목사를 기어가게 만드는 경우도 있다.

권사는 때로 자기 실력이나 생각을 뛰어넘을 수 있어야 한다. 자기가 모르면 따라가기라도 잘 해야 한다. 자신도 모르고 자신도 못하면서 자기 생각으로 남의 앞을 가로막지 말라. 특히 교회 지도자들은 목회자를 진심으로 사랑하고 도울 수 있어야 한다. 그래서 목회자의 목회 철학이 꽃피우고 열매를 맺게 해야 한다. 사실 교회 평신도 지도자는 교회 섬김과 목회에 대하여 자기 철학을 가지면 안 된다. 오직 섬김과 충성의 철학만 있을 뿐이다. 담임목회자의 목회 철학에 동역하여 건강한 교회를 세우겠다는 의지를 가져야 한다. 목회의 참다운 동역은 자신의 철학을 버리고 담임목사의 목회 방향에 온전히 적용할 때 조화를 이룬다. 수많은 교회에서 담임목회자를 청빙해 잔칫집처럼 출발했다가 초상집처럼 갈라서는 이유는 철학과 철학, 이론과 이론, 권위와 권위가 맞부딪쳤기 때문이다.

4) 교회를 온전히 세우라

권사의 섬김의 최종 목표는 '그리스도의 몸'인 교회를 세우는 것이다. 권사가 사람을 살리고 세우는 이유는 그를 통하여 결국 교회를 세우기 위함이라고 할 수 있다. 교회 직분자의 존재 이유를 설명한 에베소서 4장 12절에서는 교회의 모든 직분이 필요한 이유를 "이는 성도를 온전하게 하여 봉사의 일을 하게 하며 그리스도의 몸을 세우려 하심이라"고 명시하고 있다. 결국 모든 사역은 '그리스도의 몸', 곧 교회를 바로 세우는 데에 초점을 맞추어야 한다. 모든 제직은 자신이 부름 받아 안수받고 항존직분자가 된 이유가 "교회를 세우기 위함"임을 기억해야 한다. 그래서 권사의 직임이나 보람과 기쁨은 바로 교회를 세워 나가는 것에 있어야 한다.

권사는 교회 안에서 자기를 세우고 자기 존재감을 높이려 하지 말고 다른 사람을 높이고 세워 주어서 결국에는 교회가 온전하게 세워지도록 해야 한다. 여기서도 중요한 것은 겸손한 섬김이다. 봉사가 중요하지만 봉사도 내가 다 해야 한다는 욕심을 가져서는 안 된다. 봉사조차도 독점하는 것은 교만이다. 다른 사람, 다른 권사도 있음을 기억하라. 다른 방법도 있으며 다른 이를 통해서도 교회가 세워진다는 것을 인정하여야 한다. 자신의 작은 능력으로 모든 것을 다 하려고 하는 것은 교만함이기보다는 미련함이다. "손으로 하늘을 가리려 하거나 부채질로 바람의 방향을 바꾸려 하지 말라. 촛불이 태양 노릇하려고 하지 말라"는 말이 있다.

권사는 자기의 주장, 자기가 애를 써서 이루기를 원하는 것들에 대한 진지한 자성이 늘 필요하다. 자기주장이 옳은지, 효과적인지, 목사의 목회 철학과 교회가 지향하는 뜻에 맞고 하나님의 나라를 세우는 일, 교회를 세우는 일에 적합하고 유익한지를 돌아볼 겸손이 필요하다. 목회 현장에서는 확실히 알지도 못하고 결과에 대한 정확한 예측도 없이 자신의 짧은 지식과 경험으로 자기주장을 고집하여 사실을 왜곡하거나 진실을 오도하는 위험한 지도자들을 많이 만나게 된다. 저자도 목회 현장에서 잘 알지 못하고 주장하는 고집, 모르면서도 단정해 버리는 오류, 상식이나 자신의 일천한 경험으로 현실을 재단하는 오만, 확실히 알지도 못하고 확실히 알려는 노력도 안 하는 무지함으로 남에게 피해를 주는 많은 해악을 보아왔다. 자신 없고 당당하지 못함도 문제이지만 너무 자신이 있어서 문제가 될 때도 많다. 그것은 "무식하면 용감하다"는 말과 통한다. 그래서 갈등이 유발되고 하나됨을 무너뜨리는 경우도 많이 있다. 지혜로운 지도자는 자기 고집이나 자기 생각이 틀릴 수도 있다는 생각으로 남의 말에 귀를 기울이고, 더 잘 아는 다른 사람의 말을 듣는 겸손, 하나님께 물어보는 겸손의 마음을 가져야 한다.

5) 행함과 진실함으로 일하라

사역자의 참된 가치는 행함과 진실함에 있다. 진정성 있는 헌신을 하라는 말이다. 요한1서 3장 18절은 우리의 교회 사랑을 "말과 혀로만 사랑하지 말고 행함과 진실함으로 하자"라고 강조한다. 교회 안에는 두 종류의 봉사자가 있다. 입으로 봉사하는 사람과 몸으로 봉사하는 사람이다. 입으로 봉사하는 사람들은 말만 잘한다. 입으로 사랑하고, 입으로 친절하고, 입으로 일한다. 곧 립 서비스(Lip-service)의 봉

사다. 그러나 몸으로 봉사하는 사람은 말보다는 실천으로 그의 진정
성을 보여준다. 궂은일도 사양하지 않는다. 입으로 봉사하는 사람들
은 자기는 안 하면서 남에게 "이렇게 하라, 저렇게 하라"고 말하기 좋
아한다. 그러나 몸으로 봉사하는 사람들은 자신이 먼저 실천한다. 하
나님의 몸된 교회에는 말쟁이가 필요한 것이 아니라 몸으로 봉사하며
섬기는 "행함과 진실함으로 하는 봉사자들"이 필요하다.

베드로와 제자들은 오순절 성령 충만을 받은 후 주님과 복음을 위해,
세상에 주님의 몸된 교회를 세우기 위해 죽도록 충성하다가 기꺼이 순
교의 제물이 되었다. 행함과 진실함, 곧 진정성이 있는 헌신이었다.

사도 바울도 골로새서 1장 24절에서 "그리스도의 남은 고난을 그
의 몸된 교회를 위하여 내 육체에 채우노라"고 고백한다. 여기서 "그
리스도의 남은 고난을 내 육체에 채운다"는 말은 교회를 위해 고난도
기꺼이 받겠다는 각오이다. 고난을 무릅쓰고, 죽음을 무릅쓰고 몸된
교회를 사랑하며 봉사하겠다는 결단이다. 그는 또 골로새서 1장 29절
에서 "이를 위하여 나도 내 속에서 능력으로 역사하시는 이의 역사를
따라 힘을 다하여 수고하노라"고 했다. 행함과 진실함으로 드리는 헌
신이었다. 여기서 "힘을 다하여 수고한다"는 말은 운동선수가 승리를
위해 마지막까지 최선을 다해 고군분투하는 것을 뜻한다.

권사의 교회 섬김이나 봉사도 이렇게 진정성이 있는 행함과 진실함
의 봉사가 되어야 한다. 맡은 자들에게는 충성을 요구한다(고전 4:2).
충성은 행함과 진실함, 곧 최선을 다하는 진정성이 있는 섬김을 말한

다. 교회를 향한 봉사도, 희생도 최선을 다해야 한다. 주님이 세우신 교회이기 때문이고 주님의 몸이기 때문이다. 그러므로 교회를 섬기는 것은 하나님을 섬기는 것과 동일하다. 교회를 사랑하는 것은 하나님을 사랑하는 것이다.

인터넷에서 읽은 한 일화가 있는데 고독한 사막의 성자, 황야의 별이라고 불리는 성 안토니오(St. Anthony, 251-356)의 어릴 적 이야기이다. 그는 부유한 가정에서 태어났지만 어느 주일날 교회에서 부자 청년에 관한 복음의 말씀을 듣고 부모로부터 상속받은 모든 토지를 이웃에게 나누어 주고 평생을 수도하며 산 사람이다. 그가 어릴 때 어느 추운 날, 문 두드리는 소리에 나가 보니 거지가 떨고 서 있었다. "추우시지요? 아버지께 옷을 드리라고 부탁하겠습니다." 그러자 거지는 말했다. "옷을 구걸하러 오지 않았습니다." 안토니오는 다시 말했다. "배가 고프신 모양이군요. 어머니께 말씀드려 음식을 준비해 보겠습니다." 그런데 거지는 배가 고프지도 않고 음식을 구걸하러 오지도 않았다고 말했다. 그때 안토니오는 거지에게 무엇을 원하느냐고 물었다. 거지는 "당신의 심장을 원합니다. 심장을 주십시오"라고 말했다. 안토니오는 깜짝 놀라며 물러섰다. 그리고 안토니오는 다시 "내가 심장을 드리면 나는 죽으란 말입니까?"라고 하자 그때 거지는 어깨에 메고 있던 자루를 내려 몇 개의 심장을 꺼내 보이며, "이것은 바울의 심장이고, 이것은 막달라 마리아의 심장입니다. 이것을 나에게 준 사람들은 죽지 않고 영원히 살고 있습니다"라고 대답했다. 비로소 안토니오는 자기 앞에 서 있는 그 거지가 바로 예수님이심을 깨닫게 되었다. 그 후 안토니오는 일생 동안 심장을 주님께 드리듯 생애를 바쳤다고 한다. 주님께서 심장을 원하심은 힘을 다해 수고하며 희생하기를 원하신다는 의미이다. 항존직분자인 권사는 주님의 몸된 교회를 위하여 심장을 쏟을 만큼 힘을 다해 수고하며 섬기는 "진정성 있는 믿음"의 사람으로 살아가야 한다.

6) 평화의 사람으로 살라

사람들의 모임에는 어느 곳이나 갈등이나 분쟁이 있을 수밖에 없다. 타락한 인간의 죄된 본성을 지닌 모든 사람은 자기애적 이기심으로 인해 늘 다른 사람과 의견이 충돌하기도 한다. 서로의 다름을 인정하지 않기 때문이다. 아마 이 갈등과 분쟁 문제는 인간의 지성이나 도덕적 노력으로는 해결하기 어렵고 어떤 법이나 제도로서도 완벽하게 해결할 수 없는 인간 본성에 가까운 폐단일 것이다. 공동체 안에서 타인과의 관계에서뿐만 아니라 사랑으로 하나된 부부 사이에도, 자신보다 더 사랑할 부모 자식 간에도 갈등은 있다.

갈등의 문제는 교회 안에서도 예외일 수 없다. 공로 없이 은혜로 구원받아 천국의 모형으로 존재해야 할 교회조차도 갈등의 문제는 상존하고, 교회 지도자로 부름 받은 목사와 장로, 또 당회나 제직 상호 간에도 갈등의 문제는 예외일 수 없다. 똑같이 선한 목적을 가져도, 똑같이 바르고 옳게 하기를 원해도 여전히 갈등은 있다.

때로는 갈등이 더 좋은 방법으로 나아가는 긍정적인 효과를 가져오기도 하지만 이 갈등이 교회를 어렵게 하고 하나님의 뜻과 다른 방향으로 나가게 하여 교회의 사역과 사명에 엄청난 방해가 되기도 한다. 사실 오늘날 거의 모든 교회가 가지고 있는 가장 큰 장애 요소가 바로 이 갈등이라고 할 수 있다.

갈등의 가장 큰 원인은 인간의 불완전성 때문일 것이다. 사람이 비록 하나님의 형상으로 창조된 하나님을 닮은 존재이기는 하지만 범죄로 인한 인간성의 타락은 필연적으로 자기중심적 욕심에 지배될 수밖에 없다. 그리고 이런 자신의 불완전성을 알기 때문에 늘 피해의식을 갖게 되고 그 열등감의 반작용으로 자존심이 강해지고 강한 아집으로 인한 자기주장을 갖게 됨으로 갈등이 유발될 수밖에 없다. 더욱 사회에서나 교회에서 서로 다른 성격이나 가치관의 차이 등 다양한 인간성으로 인해 하나될 수 없는 한계를 가지고 있다. 거기에다 때로는 공동체를 허물고자 하는 사탄의 유혹이나 방해로 인한 시기나 질투, 이기심으로 인한 갈등이 일어나기도 한다.

이 갈등이 크게는 국가 간의 전쟁으로 나타날 수 있고, 사회나 집단 이념 간의 차이로 인한 대립과 분열의 원인이 되기도 한다. 교회 역시 이로 인해 교단이 분열되고 교회가 갈라지게 되기도 한다. 교회 안에서도 교역자와 교인들과의 갈등, 혹은 목회자와 당회의 갈등으로 인해 교회 안에서조차 불화가 일어나고 편당이 생기고, 많은 경우 극한 대립과 교회 분열의 부정적 결과를 가져오기도 한다.

물론 갈등이 무조건 나쁘거나 죄악된 것만은 아니다. 갈등 자체는 문제가 아니다. 오히려 갈등이 일어날 때 그에 대한 잘못된 대처방법이나 잘못된 반응이 문제를 가져온다. 갈등이 있음을 이상히 여길 것이 아니라 갈등은 당연히 있을 수밖에 없는 것임을 인정하고 지혜롭게 해결하는 것이 중요하다.

문제는 갈등을 어떻게 효과적으로 해결해 나가느냐의 문제이다. 특히 교회 지도자인 권사는 갈등을 해결하는 평화를 만드는 사람으로 살아야 한다. 이런 갈등 사회 속에서 교회 지도자로서의 권사는 어떻게 이 문제를 해결하고 평화를 세워갈 수 있을까 고민해야 한다. 물론 권사가 해결할 수 있는 그 역할의 범위는 상당부분 한계가 있다. 국가 간의 문제나 노회나 총회 등 권사의 권한이나 활동 범위를 넘어선 관계에서의 평화가 아니라 권사가 만들어 갈 평화는 교회 공동체의 내적인 문제에 국한될 것이다. 교회 안에서도 제도나 치리와 권징의 문제가 아니라 교우 상호 간의 문제나 구역 혹은 교회 안의 자치단체 안에서의 인간관계의 문제가 주를 이룬다. 곧 교회 내의 교인 상호 간의 역학관계에서의 평화, 그리고 자신의 삶의 현장이 되는 지역사회나 가까운 이웃과의 관계에서의 평화이다. 공동체의 기초가 되는 개인적인 인간관계 속에서의 평화는 공동체 전체의 평화의 기초가 된다. 그러므로 기본적인 인간관계의 평화를 위한 권사의 노력은 결코 과소평가될 수 없다.

갈등에 대한 권사의 태도로 중요한 것은 갈등을 긍정적으로 생각하라는 것이다. 악의적으로 갈등을 유발한다거나 공동체를 무너뜨리려는 악한 의도가 아니라 공동체를 세우려는 적극적인 노력이나 태도로 인해 유발되는 갈등의 문제는 더욱 그렇다. 갈등 역시 더욱더 성숙한 공동체로 나아가는 과정으로 보는 긍정적 태도가 중요하다.

갈등이나 감정적 대립 혹은 분쟁을 감정적으로 대처하지 않아야 한다. 스스로 감정처리를 잘할 수 있는 성숙함이 전제되어 있어야 한다. 마치 아브라함이 그의 조카 롯과의 갈등에서 서로 더 좋은 방법을 찾았듯이(창 13:1-11) 언제나 긍정적인 방법을 찾고 감정적 대처가 아니라 이성적, 신앙적인 대처를 해야 한다. 아브라함은 조카와의 갈등에서 "네가 좌하면 나는 우하고 네가 우하면 나는 좌하리라"(창 13:9)는 건설적인 제안을 하는 지혜로운 대처를 통하여 문제를 긍정적으로 해결했다.

평화를 깨트리는 가장 무서운 실수는 문제를 이성적으로 처리하지 않고 감정적으로 처리하는 실수이다. 비록 정서적인 대립이나 이해관계로 인한 갈등 상황에서도 상대방의 감정이나 생각을 존중해 주고, 의견은 다르지만 나름대로의 합리성을 인정해 줄 수 있을 때 갈등을 상당부분 해소할 수 있다. 바울은 비록 뜻이 안 맞아서 선교에 동행하지 않았던 마가(행 15:39)를 데리고 와 달라고 그의 제자 디모데에게 부탁하고(딤후 4:11) 다시 함께함으로 합력하여 선을 이루었다. 갈등이 없을 수는 없지만 그 갈등을 긍정적으로 해결하여 갈등을 평화로 바꾸는 것이 성숙한 지도자의 삶의 태도이다.

갈등을 해소하고 평화를 세우기 위해 반드시 명심할 것은 교회는 정의를 위한 공동체가 아니라 사랑의 공동체라는 것이다. 교회나 가정의 최고의 법, 최고의 가치는 정의가 아니라 사랑이다. 교회가 추구할 가치는 누가 옳으냐, 누가 그르냐의 정의의 문제가 아니라 어떤 것이 사랑하는 것이냐, 무엇이 사랑이냐 하는 것이 우선적인 가치이다. 교회나 가정은 부족한 것을 서로 채워 주고 약한 것을 담당해 주는 사랑의 공동체이다. 공평보다 더 좋은 가치는 사랑이고, 정의보다 더 중요한 것도 사랑이다. 갈등의 주된 원인이 정당성의 문제라고 한다면 교회는 정당성보다는 사랑을 우선한다. 사랑이 정의보다 우선적인 가치이며 그것이 평화를 도모하기 위한 중요한 가치이다.

또 하나 중요한 것은 성도 간의 하나됨의 방법은 상호 이해와 협력이라는 방법을 넘어서 주님의 십자가를 함께 바라보고 각자가 다 주님의 십자가에 자신을 맞추는 것이다. 상호 이해와 협력도 중요하지만 그것은 사실상 거의 불가능하다. 왜냐하면 그것은 누군가의 양보나 희생이 요구되기 때문이다. 그래서 성도 간의 하나됨은 서로가 서로에게 맞추어서 평화를 이루는 것이 아니라 너, 나 모두가 다 주님의 십자가에 자신을 맞추어야 한다. 나도, 너도 주님의 십자가에 초점을 맞추면 우리는 서로 하나가 될 수 있다.

권사의 교회 섬김을 위한 중요 사역은 교회 안에 평화를 만들어 가는 일이다. 특히 교회 지도자들은 "평안의 매는 줄로 성령이 하나되게 하신 것을 힘써 지키라"(엡4:3)는 에베소 교회에 주신 바울의 당부를 기억해야 한다. 그래서 평화의 사람, 평화를 만드는 사람으로 섬겨야 한다.

7) 거룩하게 쓰임 받으라

권사가 되었다는 말은 이미 평범한 삶을 포기한 사람이라는 말이며 특별하게 살아야 하는 사람이 되었다는 말이다. 거룩한 삶을 사는 존재가 되었다는 말이다. 그래서 권사는 아무렇게나 살아도 되는 존재가 아니다. 소중하고 존귀한 존재로 살아야 하는 존재이다.

중요한 자각은 자신이 수많은 사람들 중에 특별히 권사로 살도록 하나님의 선택을 받은 존재임을 깨닫는 것이다. 그리고 자신이 소중한 것은 자신의 "능력 때문이 아니라 신분 때문"이라는 것을 알아야 한다. 성경은 성도가 하나님의 엄청난 축복으로 선택된 존재임을 말씀하신다.

"곧 창세 전에 그리스도 안에서 우리를 택하사 우리로 사랑 안에서 그 앞에 거룩하고 흠이 없게 하시려고 그 기쁘신 뜻대로 우리를 예정하사 예수 그리스도로 말미암아 자기의 아들들이 되게 하셨으니 이는 그가 사랑하시는 자 안에서 우리에게 거저 주시는 바 그의 은혜의 영광을 찬송하게 하려는 것이라"(엡1:4-6).

부름 받은 사람이 특별히 귀한 것은 외적인 어떤 조건 때문이 아니라 부름 받은 신분(身分) 때문이다. 그가 가진 소유나 능력 때문이 아니라 하나님의 선택을 받은 하나님의 자녀가 되었다는 신분 때문이다. 창세 전에 이미 선택을 받았고 하나님의 예정 가운데 하나님의 아들이 되었고 죄 사함을 받은 존재이기 때문에 성도는 모두 귀하다.

더욱더 중요한 것은 선택받은 이유이다. 그것은 바로 거룩한 일에 쓰임 받기 위해 선택된 존재라는 것이다. 똑똑하고 유능해서 쓰임 받는 사람이 있고, 좀 부족하고 모자라도 쓰임 받는 사람이 있다. 세상 이치도 그렇다. 지금 교회나 사회를 이끌어 가는 사람들이 다 세상에서 가장 유능한 사람들이기 때문만은 아니다. 그 자리, 그 일을 위해 선택받은 사람들일 뿐이다.

권사도 그렇다. 자신이 교회나 지역사회에서 제일 유능하기 때문이 아니다. 하나님의 은혜의 부르심 때문이다. 성경에 나오는 인물들은 평범한 사람들이었지만 다 쓰임 받아 큰일을 한 사람들이다. 모세의 손에 잡힌 지팡이는 호렙산에서 제일 좋은 나무여서가 아니라 모세의 손에 잡혀서 그렇게 위대하게 쓰인 지팡이가 되었다. 그 많은 돌멩이 중에서 다윗의 손에 잡힌 돌멩이가 하나님의 이름을 높이고, 하나님을 모욕하는 골리앗을 무릎 꿇리는 데 사용되었다.

성경에 나오는 많은 인물들이 다 그렇다. 그들이 그 당시에 가장 위대한 사람들이어서가 아니라 단 한 가지 하나님께 쓰임 받은 사람들일 뿐이다. 갈대아 우르의 이름 없는 아브람이 하나님께 쓰임 받음으로 믿음의 조상 아브라함이 되었다. 노예 출신(애굽의) 여호수아도, 아버지 이새로부터도 인정받지 못했던 목동 다윗도 그렇다. 그들 자신이 위대해서가 아니라 위대하게 쓰임 받음으로 위대한 인물이 되었다. '게바'로 살던 베드로가 당시에 가장 위대한 사람이었기 때문이 아니라 주님의 부름을 받았기 때문에 주님의 수제자 베드로가 되었다. 그는 성격만 급한 무식한 어부였지만 그런 그가 주님의 부름을 받아 쓰임 받음으로 수제자가 되었다. 그래서 쓰임 받는 축복이 가장 큰 축복이다. 그런 의미에서 권사가 되어 교회를 위해 쓰임 받는다는 사실이 얼마나 위대한 사건인가를 기억할 필요가 있다.

그러므로 권사는 무엇보다 잘 쓰여야 한다. 귀히 쓰임 받아야 한다. 쓰임 받는 것은 큰 축복이고, 봉사할 수 있다는 것은 은혜이다. 세상에 능력 있는 이도, 잘난 사람도 많다. 그러나 다 귀히 쓰임 받는 것은 아니다. 그 사람이 무엇을 위하여 어떻게 쓰임 받는가가 중요하다. 권사는 하나님의 영광을 위하여 교회를 세우는 자로 쓰임 받도록 부름 받은 사람이다. 그래서 권사는 주님을 위하여 온전히 쓰임 받을 수 있도록 자신을 온전히 드릴 수 있어야 한다.

거룩히 쓰임 받는 인생이 성공한 인생이다. 자신의 소유도 그렇다. 진정한 소유는 그것이 건강이든, 시간이든, 물질이든 자신의 것을 주님을 위하여 온전히 사용할 때 자신의 소유로 남을 수 있다. 참으로 자신에게 남는 것은 하나님을 위하여 쓴 것뿐이다. 보화를 하늘에 쌓아 두는 것만이 진정 자신을 위하여 쌓아 두는 것이다. 하나님을 위하여 쓰이도록 하라.

사람은 누구나 하나님을 위해 쓰임 받을 수 있다. 자신의 무능력을 탓하지 말아야 한다. 그것은 교만이다. 하나님께 쓰임 받도록 자신을 드리면 된다. 모세의 손에 들린 마른 막대기도 하나님의 백성의 출애굽을 위해 귀하게 쓰임 받았다. 하나님은 큰 능력을 요구하지 않으신다. 자신을 드리기만 하면 된다. 출애굽기 4장을 보면 그가 하나님의 부르심에 대하여 순종하기를 주저할 때 하나님께서는 모세에게 "네 손에 있는 것이 무엇이냐?"(출 4:2)고 물으셨다. 그의 손에는 호렙산에서 양을 치던 지팡이 하나뿐이었다. 그러나 하나님이 그를 쓰시는 데 그것이면 충분하였다. 하나님은 그 지팡이 하나로 기적도, 능력도 다 행할 수 있었다. 누구든, 무엇이든 하나님께 쓰임 받으면 귀한 존재가 될 수 있다. 하나님께 쓰임 받으면 지팡이도 하나님의 지팡이가 된다.

성경(출 4:20)은 모세가 미디안을 떠나 애굽으로 갈 때 "모세가 하나님의 지팡이를 손에 잡았더라"고 한다. 그 마른 지팡이, 아무렇게나 생긴 그 지팡이가 "하나님의 지팡이"가 되었고, 그 지팡이로 이스라엘을 인도하고 홍해를 가르고 반석을 쳐서 생수가 터져 나오게 하였다. 지팡이의 능력이 아니라 그 지팡이가 모세의 손에 잡혀 하나님께 쓰임 받을 때 능력이 나타났다.

주님 손에 들린 오병이어(마 14장)도 그랬다. 목자 없이 유리방황하는 그들을 위하여 주님은 제자들에게 "너희가 먹을 것을 주라"고 하셨다. "먹을 것을 구하라"거나 "돈 있는 이를 찾아보라"거나 혹은 "시장에 가서 먹을 것을 사 오라"고 하지 않으시고 그냥 "너희가 먹을 것을 주라"고 하셨다. 보잘것없는 보리떡과 작은 물고기, 그들이 가진 것이 무엇이든지 그것이면 된다. 오천 명뿐 아니라 오만 명인들 못 먹겠는가?

하나님은 없는 것을 요구하지 않으신다. 있는 것을 가지고 하라고 하신다. 오병이어든, 지팡이든, 돌멩이든 하나님께 드려지면 기적을 만든다. 너무 큰일만 하려고 욕심내지 말라. 대단한 것을 하려고 하니 평생 봉사를 못한다. 하나님은 우리에게 있는 것을 요구하시고, 그 있는 것을 사용하여 역사를 만들어 가신다. 있는 그대로 자신을 드려 거룩하게 쓰임 받는 권사로 살아가면 된다.

6
권사의 모범적인 삶과 신앙

1) 삶과 신앙생활

(1) 권사의 삶의 목적

권사가 주님께 철저히 복종해야 하는 것은 권사가 주님의 종이기 때문이다. 노예나 종은 자기 결정권이 없다. 철저히 주인에게 복종할 뿐이다. 종은 삶의 목적과 방법 역시 자기 결정권이 없다. 모두가 다 주인 되는 주님의 목적을 위해 주님의 방법대로 사는 존재이다. 권사는 이미 돈이나 물질, 명예, 성공, 행복 등 우리 자신의 목적을 따라 사는 존재가 아니다. 이 세상의 부귀영화, 이 세상의 자랑을 위한 목적으로 사는 존재가 아니라는 말이다. 오직 모든 삶의 목적이 예수님께 있다. 이 세상에서 살면서 물질적인 혹은 사회관계에서의 문제들을 타개하며 살아가야 하지만 그런 것은 삶의 목적이 될 수 없다. 살아가는 데에 물질이 필요하지만 그 물질은 목적이 아니라 생존을 위한 수단일 뿐이다. 부자가 되고 돈을 많이 모아서 부유한 삶을 사는 것이 권사의 인생 목적일 수 없다. 언제 어디서나 어떤 경우에도 그 목적은 예수님을 위한 것이어야 한다. 예수님께 속해 있는 예수님의 종이기 때문이다. 모든 삶에는 "예수님을 위해서"라는 목적이 명확해야 한다. 자신의 가족, 자신의 성공이 목적이 아니라 "예수님을 위해서"라는 명확한 목적 설정이 있어야 한다.

권사도 이 땅에 사는 동안 직업을 가지고 산다. 기업을 경영할 수도 있고 농사를 지을 수도 있다. 혹은 학자로, 정치가나 전문인으로, 또는 미용사나 어떤 서비스업에 종사하며 살아갈 수 있다. 그 모든 직업은 다 소중한 일이다. 그것 역시 거룩한 일임에 틀림없다. 종교개혁자 칼뱅은 "직업이 곧 하나님의 소명이다"라고 했다. 직업 역시 하나님의 부르심이라는 말이다. 문제는 그 직업에 대한 태도이다. 그것은 자신의 부와 명예나 혹은 안정된 삶을 위한 것이기보다는 하나님의 영광을 위한 것이어야 한다. 그 모든 것은 단순히 생존을 위한 것이 아니라 사명을 위한 것이어야 한다. 부름 받은 하나님의 종들은 생존의 현장을 사명의 현장이 되도록 하여야 한다. 권사의 삶은 생존 그 자체에 목적이 있지 않고 사명에 그 존재 목적이 있다. 그리고 그 사명은 주인 되시는 하나님의 영광이다. 그것이 곧 부르심에 합당하게 살아가는 길이다.

(2) 권사의 삶의 방법

하나님의 사람, 특히 교회에서 항존직으로 교회를 이끌어 가는 지도자는 삶의 목적뿐 아니라 그 방법 역시 거룩해야 하고 하나님의 종으로서의 방법으로 살아가야 한다. 일반적으로 세상 사람들의 삶의 방법은 우선적으로 자신의 목적을 이루는 것에 초점이 있다. 곧 세상에서 성공하는 방법이 무엇인가가 가장 중요한 관심거리이다. 그래서 성공하기 위해서는 죄를 짓는 일이 아니면 수단과 방법을 가리지 않아도 된다는 성공 지상주의에 빠져 행동하고 말하기도 한다. 삶의 목적을 오직 성공에 두고 그 길로 향하는 삶을 살아간다.

"모로 가도 서울만 가면 된다"는 식의 삶을 정당한 삶으로 생각한다. 거기에는 가능하면 쉬운 길을 선택한다는 의미도 있고 결과가 방법을 정당화시킬 수 있다는 생각도 있다. 방법은 성공을 위한 하나의 수단이므로 그 절차나 과정은 별로 중요하지 않다는 생각이 자리하고 있다. 그것은 교회 지도자들 중에도 그렇게 생각하는 이들이 있다. 그래서 종종 교회 분쟁이나 갈등으로 어려움을 겪고 있는 교회의 경우 심각한 다툼으로 신앙적 가치를 다 잃어버리고 동원할 수 있는 거의 모든 수단을 다 동원하여 분쟁을 하면서도 늘 "교회를 바로 세우려고", "하나님의 영광을 위하여"라는 주장을 한다. 교회를 사랑하기 때문에 싸워야 하고 하나님의 영광을 위하여 상대방을 무너뜨려야 한다는 주장이다.

저자도 분쟁하는 어느 교회 권사님들에게 "재산적 가치를 위해 싸우지 말고 신앙적 가치를 따라가라"는 충고를 해 준 경험이 있다. 아무리 중요하고 또 좋은 명분을 위한 것이라고 해도 그 방법의 정당성이나 절차와 과정의 정당성을 훼손하면서까지 하는 것은 신앙인의 태도가 아니다. 교회 지도자는 선한 목적을 위해서는 그 방법도 선한 방법을 사용해야 한다. 목적이 수단을 정당화하지 않으며 불의한 방법으로는 거룩한 목적을 이룰 수도 없다.

예수님은 인간 구원을 위하여 자신이 십자가에서 죽으시는 방법을 선택하셨다. 사탄은 예수님의 십자가 길을 막으면서 비록 하나님의 뜻과 다르지만 쉽고 효과적인, 그러나 하나님의 뜻과 다른 방법을 제안했다. 그것을 우리는 예수님이 마귀에게 당하신 세 가지 시험이라고 말한다.

사탄은 예수님에게 당시 가장 효과적이고 절실한 방법을 제안했다. 십자가를 지고 고통스러운 골고다를 올라가는 길보다는 길가에 즐비한 돌멩이로 떡을 만드는 경제적 방법으로 메시아가 되라는 제안을 했다. 당시 로마의 압제 하에서 그 민족이 당한 가장 큰 문제가 먹고 사는 문제였기에 경제적 문제 해결이 그 민족의 영웅이 되는 가장 빠르고 효과적인 문제임을 사탄도 알고 있었고 예수님도 잘 알고 계셨다. 또 예수님이야말로 유대 광야에 지천으로 널려 있는 돌멩이들을 떡으로 변화시킬 능력이 있음을 사탄도 알았고 예수님도 알고 계셨다. 그러나 예수님은 고통의 십자가를 지고 수치스럽게 골고다를 오르기보다는 능력도 있고 어려운 일도 아니고 또 가장 효과적이기도 할, 떡으로 돌멩이를 만들어 현실적인 구세주가 되는 방법을 선택하라는 이 사탄의 유혹을 단호히 거부하시고 묵묵히 십자가의 길을 가셨다.

기적을 중시하고 실제로 기적을 베풀 메시아를 목말라 기다리던 그들에게 성전 꼭대기에서 뛰어내리는 능력을 보여준다면 어떻게 되었을까? 성전 꼭대기에서 뛰어내리는 주님을 천사들이 안전하게 모시는 광경을 보여주면서 주님이 메시아이심을 군중에게 증명하는 이 방법 역시 그들에게 매우 매력적이고 효과적인 방법이었을 것이다. 그들은 지금 그 민족을 구원할 메시아를 기다리고 있었고, 실제로 예수님이 성전 꼭대기에서 뛰어내리신다면 하나님께서는 주님의 육신적 위험을 그대로 방치하지 않으실 것이라는 확신도 있었을 것이다. 그러나 주님은 그 기적적 방법으로 군중의 열광을 끌어내신 것이 아니라 군중으로 하여금 "십자가에 못 박으라"고 아우성칠 그 수치스러운 결과를 아시면서도 묵묵히 하나님께서 정하신 하나님의 방법대로 골고다 길을 가셨다.

산꼭대기, 주님과 사탄 이외에는 아무도 없는 산 정상에서 사탄에게 한 번만 절하면 천하만국을 다 주겠다고 사탄이 제안하였다. 그 민족을 고통스럽게 박해하는 점령군 로마도, 거짓과 위선으로 자기 백성을 속이고 그 백성 위에 군림하고 있는 바리새인들과 현실주의자 사두개인들, 그리고 우매한 민중을 권력으로 통치하고 인도할 수 있는, 그것도 아무도 안 보는 그 자리에서 한 번만 절하면 이루어질 수 있는 쉽고 효과적인 방법을 주님은 단호히 물리치고 십자가의 길을 걸어가셨다. 주님은 하나님의 목적을 이루기 위해서 하나님이 정하신 방법으로 우리 인간을 구원하셨다.

그리스도인, 특히 교회를 섬기는 지도자는 교회 섬김에 있어서 그 방법의 거룩성을 잊지 않아야 한다. 무슨 일이든지 하나님의 뜻을 따라야 한다. 때로 비능률적이고 비효과적일 때도, 박수갈채가 아니라 비난과 조소를 받아야 할 경우라도 결코 정도(正道)를 잃지 않고 묵묵히 주님이 가신 길을 가야 한다. 목적이 거룩하기 때문에 방법도 거룩해야 한다. 그래서 교회 지도자, 특히 목회자의 동역자로서의 권사의 삶은 방법 역시 거룩하여야 한다.

권사는 언제나 모든 일에 있어서 하나님의 뜻을 구하여야 하고 하나님의 뜻에 민감해야 한다. 하나님의 뜻을 바로 알기 위하여 기도하고 말씀을 묵상하며 인도함을 받아야 한다.

이처럼 권사는 하나님의 부름 받은 종으로서의 자신의 존재에 대한 이해를 바로 하고, 모든 생각이나 언어, 행동이나 삶의 목적이 거룩해야 하고 삶의 방법 역시 거룩해야 한다.

(3) 권사의 삶의 태도

한국교회에서 권사는 영성과 희생적인 봉사의 대명사로 통한다. 예수님을 믿지 않는 사람들도 권사에 대한 이미지를 "기도 많이 하고 열심히 봉사하는 교회 직분자"로 인식한다.

한 교회의 성장 이면에는 권사의 주님 사랑과 교회 사랑의 역사가 있을 것이다. 그만큼 권사의 책무가 컸다. 아무리 시대를 달리한다 해도 한국교회 성장의 견인차 역할을 한 권사들의 헌신은 결코 과소평가할 수 없다.

권사들의 교회 섬김은 끝이 있는 것이 아니고 주님이 오실 때까지 계속되어야 한다. 시대는 변하고 여성 안수가 허락되어 여성들도 당회원이 되고 교회 치리와 권징에 참여하게 되었지만 권사의 위상이나 헌신, 봉사의 중요성이 달라진 것은 아니다.

권사들의 헌신의 열매, 섬김의 열매가 꽃을 피워 한국교회의 자랑거리가 되었지만, 그럼에도 불구하고 권사의 진정한 가치는 봉사 자체보다는 봉사하는 사람, 곧 영광스런 권사로 섬긴 권사의 섬김의 태도가 중요하다. 그리고 봉사의 열매보다는 봉사하는 권사의 삶의 태도, 그 마음가짐이 더 중요하게 인정받아야 한다.

권사의 마음가짐 역시 자신의 능력이나 기능보다는 절대적으로 하나님을 의지하고 하나님의 방법을 따름이 중요하다. 얼마나 많은 공을 세웠는가보다 얼마나 사심 없이 온전한 믿음의 헌신을 드렸는가를 중시해야 한다. 그래서 권사는 그 섬김의 실적과 효과보다는 거룩한 신앙의 결단으로 이름 없이 빛 없이 하나님만 바라보는 믿음의 태도를 가져야 한다. 사람들의 칭찬이나 인정보다는 하나님의 평가를 바라보아야 한다.

목사의 목회는 혼자 할 수 있는 것이 아니고, 아무나 같이할 수 있는 것이 아니다. 반드시 교회 직분자들과 함께 하여야 한다. 그 직분자들의 능력의 유무와 무관하게, 때로는 신앙심의 깊이와 인격과도 무관하게 목사는 교회 직분자들과 함께 할 수밖에 없다. 그러기 때문에 권사를 포함한 항존직분자들의 능력, 특히 사역에 임하는 태도는 참으로 중요하다. 때로 항존직분자가 자기 경험이나 일천한 상식을 자신의 절대적 신념으로 고집하면 교회는 심각한 갈등에 처하게 되고 목회자의 사역이 심각하게 약화되어 교회 공동체를 무너뜨릴 위험 요소가 된다. 그러므로 항존직분자들은 언제나 자신의 주장이나 자기 경험, 자기 상식이 아니라 정도를 따를 수 있는 바른 판단과 겸허한 태도를 가져야 한다.

참 중요한 것이 목회자의 목회 철학을 잘 이해하고 존중하고 따라 주는 일이다. 교회 내외의 정치역학이 아니라 목회자의 목회 철학을 따라 움직여야 한다. 물론 준비가 안 된 목회자도 있고 정확한 자기 목회 철학 없이 여기저기 남들 흉내나 내는 목회자도 있다. 평신도가 보기에도 많이 부족한 목회자도 있을 수 있다. 그러나 항존직분자들은 어떤 경우에도 목회자가 바로 서서 당당하게 교회를 세워 나가도록 협력하고 세워 주어야 한다. 권사가 아낌없는 헌신과 사랑으로 봉사하고 겸손히 자기 일을 감당하고 기본적으로 순종하는 태도로 섬긴다면 부족한 목회자를 세워 주고 교회를 온전히 세워갈 수 있을 것이다. 근본적으로 교회를 사랑하고 하나님의 뜻을 따르며 사심 없이 헌신할 때 목회자도, 다른 성도들도 함께 교회를 세워 나갈 수 있을 것이다.

필자의 경우 평생의 목회를 돌아보면 거의 모든 상황에서 신실하게 도와준 항존직분자가 있었음을 다시 기억하게 되고 감사하며 이 모두를 하나님의 은혜로 여기고 있다. 태도는 능력보다 더 중요하고, 바른 태도가 바로 능력이다.

(4) 한 알의 씨앗으로서의 삶

거룩하게 쓰임 받는 방법이 무엇인가? 어떻게 거룩하게 쓰일 수 있는가? 가장 잘 쓰이는 방법은 무엇인가? "한 알의 씨앗"으로 사는 것이다. 성경은 이렇게 말씀하신다.

"천국은 마치 사람이 자기 밭에 갖다 심은 겨자씨 한 알 같으니 이는 모든 씨보다 작은 것이로되 자란 후에는 풀보다 커서 나무가 되매 공중의 새들이 와서 그 가지에 깃들이느니라"(마 13:31-32).

한 사람이 중요하다. 아무리 큰 무리라고 해도 한 사람 한 사람이 모여 이루어진다. 개인이 모여 단체가 되고 너와 내가 모여 우리가 된다. 태산이 높아도 티끌이 모여 되고, 한 방울의 물이 모여서 바다를 이룬다. 한 사람 한 사람이 중요하다. 하나님은 사람을 무더기로 보시지 않는다. 하나님은 사람을 도매금(都賣金)으로 보지 않으신다. 무리가 함께 통성으로 기도해도 하나님은 나 혼자 기도하는 것같이 내 기도를 들으신다. 우리가 같이 예배를 드려도 나 혼자 드리는 것같이 내 예배를 받으신다. 하나님께서는 우리가 군중 속에 있어도 언제나 나를 독대(獨對)하신다. 다 은혜로운 예배를 드리고 다 은혜를 받아도 내가 못 받으면 나는 혼자이다. 사람을 한 사람 한 사람으로 보는 눈이 중요하다.

우리는 곧잘 "세상이 큰일 났다. 혹은 교회가 큰일 났다"고 한다.

세상이 잘못되고 교회가 잘못되는 것은 알면서, 세상이 달라져야 하고 교회가 개혁되어야 할 것은 잘 알면서 자기 자신이 개혁되고 새로워져야 함을 모른다. "교회가 부흥되어야 한다"고는 하면서 자신이 전도해야 된다는 사실을 모른다. 한 사람 한 사람이 모여서 교회를 이루는 것이지, 사람들이 어디선가 한꺼번에 몰려와서 교회가 부흥되기를 기다려서는 안 된다. 중요한 것은 교회가 새로워지기 위하여, 사회가 새로워지기 위하여 바로 나 자신이 새로워져야 하고 바로 나 자신이 변해야 한다는 것이다.

개인 한 사람 한 사람의 변혁은 교회의 변혁이고, 교회의 변화는 바로 나 자신의 변화에서 시작되어야 한다. 그런 의미에서 나 자신 한 사람 한 사람이 얼마나 귀한 존재이며 얼마나 큰 책임이 있는가를 알아야 한다. 그런 나 자신이 참으로 큰 영향력을 가지기 위하여, 또 오늘 우리 교회와 사회에서 나 자신이라는 존재가 어떤 권사로 살아야 하는지를 생각해 보아야 한다.

예수님이 하늘나라를 말씀하시면서 겨자씨의 비유를 사용하셨다. "제일 작은 씨가 싹이 나고 자라나서 제일 큰 나무가 된다"는 이야기이다. 미미한 것이지만 그것이 생명력이 있을 때 엄청난 것으로 커갈 수 있다는 사실을 우리에게 가르쳐 준다.

권사는 이 세상에서 한 알의 씨앗으로 살아야 한다. 예수님께서 '겨자'라는 풀에 대하여 하신 말씀이 아니었다. 작지만 엄청난 가능성을 가진 '씨'를 강조하시려는 것이었다. 씨는 아무리 작아도 생명력이 있고, 작은 씨라도 생명력이 있기 때문에 큰 나무를 이룰 수 있다는 말씀이다. 아무리 작은 씨라도 그 씨 안에는 큰 나무가 될 가능성이 들어 있다는 말이다. 씨가 되는 것이 중요하다. 씨에는 무한한 가능성이 들어 있다. 작은 소나무씨 안에 의자도, 강대상도, 기둥도, 혹은 강단도 다 들어 있다. 왜냐하면 그것이 씨이기 때문이다. 작은 밀 한 톨에 빵도, 국수도, 수제비도 다 들어 있다. 그러나 중요한 것은 씨가 될 때만 그렇다. 아무리 많고 좋은 씨가 있어도 그것이 씨앗이 되지 않고 새의 먹이가 된다든지, 아무리 많은 밀이 쌓여 있어도 그것이 씨앗이 되지 않고 제분소에 가서 밀가루가 되어 먹거리가 되어 버리면 한 사람의 식사도 되지 않을 만큼 작은 가루가 될 뿐이다. 중요한 것은 씨가 되는 것이다. 씨가 되지 않으면 그것이 크든지 작든지, 많든지 적든지 참으로 무용한 것이 된다.

인간은 한 톨의 씨와 같다. 어쩌면 작은 씨앗일지 모른다. 정신적으로나 육체적으로 약하고 부족하여도 씨앗이 되면 다르다. 그래서 권사는 씨앗으로 살아야 한다. 씨앗이 되면 무한한 가능성을 가지며 무한한 생명을 생산한다. 권사는 생명력을 가진 씨앗이 되어야 한다. 믿음의 씨앗이 되어서 수많은 믿음을 만들어 가고, 사랑의 씨앗이 되어 수많은 사랑을 창조하여야 한다. 사람이 아무리 많은 지성을 가지고 있고 아무리 많은 능력이 있고 또 미모가 있고 힘이 있어도 단지 이 땅에 먹거리로 살아가고 씨앗이 되지 못한다면 그는 참으로 무의미한 존재일 뿐이다. 권사의 인생이 먹거리가 되는 인생이 아니라 씨가 되는 인생이기를 바란다.

비록 겨자씨만큼 작고 약해도 씨가 되어야 한다. 그래야 백 배, 육십 배의 결실을 맺는다. 사랑의 씨, 믿음의 씨, 축복의 씨, 소망의 씨가 되어야 한다. 갈대아 우르의 한 사람 아브라함이 씨가 되었을 때 선민 이스라엘을 이루고 하나님의 구원 역사를 이루는 메시아의 조상이 되었다. 갈릴리 작은 공동체가 씨가 되었을 때 인류 구원의 공동체를 이루었다. 하나님은 지금도 연약한 우리를 우리교회의 내일을 위하여, 이 세상의 내일을 위하여 씨앗이 되라고 권사로 부르셨다.

교회 모든 지도자는 다 교회를 섬기고 성도들을 섬기는 직분이지만 특히 권사의 중요 직임은 섬김이다. 섬김이란 원래 윗사람을 잘 모시고 받드는 것을 의미하지만 권사로서의 섬김은 윗사람만이 아니라 교회의 모든 사람을 향한 섬김을 의미한다. 봉사와 헌신이 교회 지도자, 권사의 직임이기 때문이다. 교회는 사랑받을 가치가 없는 사람까지 사랑하는 공동체이고, 교회 지도자는 사람을 차별하지 않고 귀히 여기며 존중하고 사랑하며 섬기는 사람이다. 그것은 사람들의 칭찬을 위함이나 교회를 더욱더 부흥시키려는 계산된 목적으로 하는 것도 아니다. 섬김의 종으로 오신 주님을 본받아 모두를 섬기는 것이 교회의 존재 이유이며 직분자의 존재 방법이라고 할 수 있다.

주님은 친히 당신 자신이 이 땅에 오신 이유를 "인자가 온 것은 섬김을 받으려 함이 아니라 도리어 섬기려 하고 자기 목숨을 많은 사람의 대속물로 주려 함이니라"(막10:45)고 하셨다. 그래서 사도 바울도 주님을 소개하면서 "그는 근본 하나님의 본체시나 하나님과 동등됨을 취할 것으로 여기지 아니하시고 오히려 자기를 비워 종의 형체를 가지사 사람들과 같이 되셨고 사람의 모양으로 나타나사 자기를 낮추시고 죽기까지 복종하셨으니 곧 십자가에 죽으심이라"(빌 2:6-8)고 하였다. 또 자신을 소개할 때는 늘 스스로를 '종'으로 소개하며(롬 1:1, 빌 1:1, 딛 1:1, 골 1:7-8, 4:7), 누구든지 교회 공동체의 지도자가 되려면 종이 되어야 한다고 강조하였다. 지도자가 되기 위해 섬기는 것이 아니라 섬기는 자가 되기 위해서 지도자가 되는 것이다.

교회 지도자, 곧 권사는 그의 능력과 은사를 가지고 교회를 섬기는 삶을 살아야 한다. 교회는 섬김을 위한 각종 은사가 필요하고 지도자가 가진 은사는 하나님께서 섬기라고 주셨다.

2) 예배생활

권사의 삶은 교회를 중심으로 한 삶이다. 어떤 의무적인 봉사를 위한 책임을 넘어 교회가 삶의 중심이 되는 것이 권사의 삶이다. 자신의 신앙생활을 위해서는 물론 성도들을 온전하게 하고, 그리스도의 몸을 세우기 위한 삶이 곧 권사의 삶이다(엡 4:12). 교회의 각종 예배와 여러 가지 교회 사역, 그리고 목사의 목회 활동, 특히 성도들을 돌보는 일의 보조 등 삶의 중심이 교회이다.

교회생활의 중심은 예배이다. 신앙생활이 곧 예배생활이다. 하나님을 섬기는 구체적인 행위가 예배이다. 아무리 선한 일을 많이 해도, 아무리 교회 봉사를 많이 해도 예배를 바로 드리지 않는다면 소용없다. 하나님은 영과 진리로 예배하는 자를 찾으신다(요 4:23). 중요한 것은 바로 예배하는 사람이 바로 사는 사람이라는 것이다.

교회는 예배의 프레임으로 세워진 공동체이다. 그래서 우리는 모든 일을 예배로 시작하고 예배로 마친다. 예배를 소홀히 한다면 어떤 교육도, 어떤 봉사도, 어떤 섬김도, 노력도 무의미하다. 교회의 모든 사역은 예배를 위한 것이다. 교회는 삶의 즐거움을 위하여, 약자를 격려하기 위하여, 자긍심을 심어 주기 위하여, 교제하기 위하여 존재하는 것이 아니라 교회가 하는 모든 사역은 예배를 위한 것이다.

선교는 예배자를 만들기 위함이고, 교육은 예배를 바로 드리는 사람을 만들기 위함이고, 봉사는 온전한 예배자를 세우기 위한 도움이며, 진정한 친교는 예배를 통한 나눔이다. 교회 모든 봉사자는 예배를 위해 존재한다. 모든 사람(목회자, 평신도 지도자), 교회의 모든 행사, 교회의 모든 사역은 하나님을 영화롭게 하는 것, 곧 온전한 예배 공동체를 세워 온전히 예배하기 위하여 존재한다.

좋은 교회는 좋은 예배를 드리는 교회이다. 주일이면 예배를 통하여 하나님을 영화롭게 하고, 평일이면 예배를 통한 각오와 결단을 삶으로 실천하는 교회가 좋은 교회 공동체이다. 예배가 살아있으면 교회가 살아있다는 증거이며, 온전한 예배가 행해지면 온전한 교회가 된다. 예배의 건강이 곧 교회의 건강이다. 예배가 곧 교회의 교회됨을 말해 준다. 예배에 대한 절대적인 비전(Vision)과 정신(Mind)을 갖고 있지 않거나 예배에 대한 목표가 부실하면 그 교회는 정체성을 상실한 교회일 것이다.

하나님께 살아있는 예배를 드려야 한다. 어떤 감격과 하나님의 임재하심도 없이, 예배에 대한 분명한 변화의 의식이 없이 매주일 예배가 반복된다면 그 교회는 죽은 교회이며 의식 없는 무기력한 교회이다. 매 주일 하나님의 영광을 기대하고 예배에 하나님의 임재를 갈망하고 감격으로 예배하는 교회가 좋은 교회이다.

무엇보다 중요한 것은 예배자 자신의 문제이다. 예배는 하나님께 자신을 드리는 것이다. 예배는 자신을 하나님께 바치는 예식이다. 다양한 예배 순서, 곧 말씀과 기도와 찬양, 그리고 헌물과 각종 예식으로 하나님께 예배하지만 그 모든 예배 순서와 제물은 다 자신을 하나님께 드리는 의미의 표현이다. 찬양의 제물도, 기도의 제물도, 헌금으로 드리는 제물도, 봉사와 헌신도 다 자신을 드리는 마음으로 드리는 제물이다. 자신을 드려야 온전한 예배가 된다. 예배의 제물보다 자신을 드려야 한다. 자신이 가장 중요한 제물이고, 하나님은 제물보다 예배자 자신을 받기 원하신다. 모든 예배의 제물은 예배자 자신을 하나님께 드리는 표현이다. 그래서 제물이 드려지기 전에 예배자 자신이 드려져야 한다. 자신이 드려져야 예배의 제물이 드려진다.

하나님께서 가인을 안 받으시니 가인이 드린 제물도 안 받으셨다.

하나님은 아벨의 제물이 아니라 아벨을 받으신 것이다. 자신의 생명을 드리는 것이 예배이다. 제사의 기본은 번제(燔祭)이다. 제물의 모든 것을 불태워서 드리는 제사가 번제다. 제물을 드리는 것은 자신을 드리는 것이다. 자신을 대신해서 제물을 불태워서 드리는 것이다. 이는 곧 나 자신의 생명을 하나님께 바친다는 의미이다. 예배는 예배자 자신의 생명을 바치는 의식이다. 생명을 바친다는 말은 자신의 소유와 능력, 그리고 자신의 삶의 모든 것을 드린다는 말이다. 자신의 생명을 드리는 표로 드리는 것이 헌금이다.

예배는 영과 진리로 드려야 한다(요 4:23). 예배의 장소나 시간이나 순서나 예배 제물보다 더 중요한 것은 그 예배가 영적 예배이어야 한다는 것이다. 하나님은 영과 진리로 예배하는 자를 찾으신다(요 4:24). 그래서 예배는 성령의 임재가 있어야 한다. 신령함이 있어야 한다. 예배는 인간적인 차가운 의식(儀式)이나 목사의 강론시간이 아니다. 모든 순서가 다 하나님께 드리는 순서이다. 사람들끼리 모이는 집회가 아니라 성령이 함께하시는 신령한 모임이 되어야 한다. 그래서 예배는 감동(Impressing, 하나님의 임재)이 있는 예배, 사람을 변화시키는 예배이어야 한다. 진정한 예배는 하나님과의 영적 만남을 통하여 사람을 변화시키는 역사가 있다. 찬송을 하면서, 기도를 드리면서, 말씀을 들으면서 깨달음과 변화의 역사가 일어난다.

예배는 신앙에 대한 어떤 정보(Information)를 나누는 시간이 아니라 영적 변화(Transformation)를 경험하는 시간이다. 영생에 대하여,

구원에 대하여, 의로운 삶에 대하여 방법을 알려주는 것이 아니라 그렇게 살도록 변화시키는 것이 예배이다. 기도에 대한 많은 유익한 정보를 주는 것으로 끝나지 않고 기도하는 사람이 되도록 만들어야 한다. 성경이 하나님의 말씀이라는 정보만 전달하는 것이 아니라 그렇게 믿고 사는 사람이 되도록 해야 한다. 의롭게 사는 것이 좋다는 것을 알려줄 뿐만 아니라 의롭게 살게 만들어야 한다. 예배가 하나님을 영화롭게 하는 것이기도 하지만 예배를 통하여 변화가 이루어져야 한다. 하나님이 원하시는 하나님의 형상으로 충만한 영적 그리스도인으로 변화되어야 한다.

치유(healing), 곧 회복이 있는 예배가 되어야 한다. 예배를 통하여 수고하고 무거운 짐을 내려놓고, 비뚤어진 인간이 새롭게 되고, 병든 몸과 마음이 치유되고, 사람을 온전케 하는 예배가 되어야 한다. 악한 사람이 선한 사람으로 회복되고, 불의한 사람이 의로운 사람으로 변화되는 참된 회복이 있어야 한다. 나쁜 마음을 가진 자가 예배드리고도 그 나쁜 마음이 그대로 있다면 온전한 예배가 아니다. 예배를 통해 회복이, 치유의 역사가 일어나서 사람이 온전하게 되는 역사가 있어야 한다.

축복(blessing, 구원의 역사)이 있는 예배가 되어야 한다. 역사는 예배를 통하여 일어난다. 예배를 통하여 은혜를 받고, 감동을 받고, 새롭게 변화되어 심령이 하나님을 만나게 된다. 기쁨으로 나아오고, 감사함으로 돌아가는 예배의 감격과 기쁨이 충만한 그런 예배가 되어야 한다.

그러기 위해서 예배에 대한 바른 자세가 필요하다. 평신도나 지도자나 누구를 막론하고 예배의 바른 자세가 준비되어야 온전한 예배자가 될 수 있다.

예배는 받는 것이 아니고 드리는 것이다. 예배자의 몸과 마음이 잘 준비되고 마음을 다해 드리는 예배일지라도 예배를 통해 자신이 받을 것을 기대하기보다는 자신을 온전히 드리기를 원하는 예배를 드려야 한다. 정성스러운 준비나 진지한 참여가 예배를 통해 내가 뭔가를 얻기 위한 수단이 된다면 온전한 예배가 아니다. 예배는 받는 것이 아니라 드리는 것이어야 한다. 많은 경우 사람들은 예배를 드리기보다는 "은혜를 받고" "축복을 받고" 등등의 예배를 통해 받는 것에 관심의 초점을 둔다. 그렇지 않다. 예배는 드리는 것이다. 하나님이 받으실 만한 예배의 제물, 그리고 자신을 드리는 예배자가 되어야 한다.

예배를 준비하는 것도 그렇다. "은혜 받기 위해 잘 준비한다"라고 한다. 아니다. "하나님께서 받으실 예배"를 준비하여야 한다. 받기 위해 준비하지 말고 드리기 위해 준비하라. 예배에 임하면 하나님을 향하여 자신의 시선을 고정시켜야 한다. 예배의 주인공은 예배 순서 담당자도, 회중도 아니다. 오직 하나님이시다.

예배 참석과 예배드림은 다르다. 예배는 참석이 아니다. 예배자는 예배를 관람(구경)하는 사람이 아니다. 자신을 드리는 제물이다. 예배는 무슨 공연이나 행사처럼 자신이 즐겁고 감동받기 위해서 관람하는 것이 아니라 초점을 하나님께 두고 내 자신을 드려야 한다. 그래서 예배는 자신의 만족을 위해서가 아니라 하나님께서 만족하실 예배를 드려야 한다. 자신이 은혜 받기 위한 예배가 아니라 하나님을 기쁘시게 하는 것이 예배이다.

예배 봉사와 예배드림은 다르다. 교회 지도자, 즉 권사의 결정적 실수는 예배 봉사만 하고 예배를 드리지 못하는 것이다. 봉사는 잘하는데 예배는 못 드리는 경우가 많다. 하루에 몇 번이고 예배를 드리고도 예배 봉사만 하고 드리지 못할 수도 있다. 이스라엘 백성들의 가장 큰 실수는 제사의 형식에만 몰두함으로 제사드리는 일에 실패한 것이다.

교회 지도자인 권사는 무엇보다 예배에 헌신해야 한다. 예배를 바로 드림이 신앙의 성공이고 축복이다. 자신의 예배뿐 아니라 성도들이 예배자로 살아가도록 돕는 것도 권사의 중요 사역이다. 권사 자신이 좋은 예배자가 되는 것과 성도들이 좋은 예배자로 예배하도록 돕는 것이 책임이며 진정한 돌봄이다.

예배를 위한 전제조건이 있다. 하나님을 향한 온전한 신앙고백이다. 예배는 올바른 신앙고백으로부터 시작된다고 할 수 있다. 신앙고백은 하나님, 예수님과 성령님, 그리고 교회와 성도들의 부활과 영생에 대한 자신의 고백이다. 우리 신앙은 신앙고백을 전제로 하고 믿음을 전제로 한다. 믿지 못하면 예배를 드릴 수 없다. 권사는 물론 모든 예배자는 신앙고백의 토대 위에 예배하며 신앙고백을 전제로 예배한다. 그래서 모든 공교회는 신앙고백 위에 믿음의 도리인 교리를 세우고 예배를 드린다. 모든 교회가 함께하는 신앙고백은 "사도신경"으로 사도들의 신앙고백을 우리의 신앙고백으로 고백한다. 사도신경은 하나님께 대한 고백과 예수님, 성령님, 그리고 교회와 사죄, 성도들의 교제, 성도들의 부활과 영생을 고백하는 내용으로 구성되어 있다. 이 신앙고백이 바로 되어야 바른 신앙과 예배, 영적 삶이 가능하게 된다.

예배에는 여러 순서가 있지만 반드시 필요한 것이 바로 찬송과 기도와 말씀이라고 할 수 있다. 예배의 3요소라고 할 수 있다.

3) 헌금생활

신앙생활에서 중요한 것이 바로 헌금이다. 헌금은 돈을 드리는 것이 아니라 예배자 자신을 드리는 것이다. 헌금은 예배의 제물로 드리는 예배헌금을 비롯하여 여러 이유의 감사로 드리는 각종 감사헌금이나 교회 특별 사역을 위해 드리는 헌금(건축, 구제, 특별헌금) 등 여러 종류의 헌금이 있지만 이 헌금은 자신의 신앙고백으로 드리는 것이다. 모두가 하나님의 은혜에 대한 감사의 고백이 전제되어야 한다.

그 중에서 가장 핵심적인 헌금은 십일조이다. 십일조는 하나님께서 강제적으로 명하신 헌금이다. 이는 하나님 됨을 인정하는 행위라고 할 수 있다. 레위기 27장 30절에 의하면 십일조를 "여호와의 성물이라"고 했다. 이는 근본적으로 하나님의 것을 하나님께 드리는 행위이다. 원래부터 하나님의 몫이니 당연히 하나님께 드리는 것이 십일조이다.

다른 헌금은 내 몫에서 구별하여 하나님께 드리는 것이지만 십일조는 원래 하나님의 몫을 하나님께 드리는 것이다. 물론 세상 만물이 다 하나님의 소유이며 우리 인간이 가진 모든 소유, 생명까지 다 하나님의 것이다. 그 모든 것을 하나님께서 우리에게 주셔서 우리가 몫으로 받은 것이기에 우리의 것이라고 생각할 수 있지만 다 주셔도 모든 소득의 십분의 일만은 우리에게 주시지 않았고 하나님의 몫이므로 하나님께 드리도록 명하셨다.

성경은 십일조를 드리지 않는 것을 "도둑질"이라고 규정한다(말3:8-9). 십일조는 내 모든 것이 하나님의 것임을 인정하는 고백을 전제로 드리는 성물이다. 그래서 교회 지도자는 감사나 사역을 위한 헌금도 드려야 하지만 하나님의 하나님됨을 인정하는 신앙의 고백인 십일조를 꼭 드려야 한다. 십일조를 드리지 않는 것은 하나님의 것을 도둑질하는 것이 됨을 잊어서는 안 된다. 헌금은 신앙의 고백으로 드리는 것이다. 그래서 성결교에서는 십일조를 권사의 자격조건으로 규정하고 있다.

헌금은 하나님의 하나님됨(Lordship)을 고백하는 행위이다. 그러므로 권사의 헌금생활은 지극히 자연스러운 교회생활이라고 할 수 있다. 교회 지도자인 권사는 헌금에 있어서도 모범을 보여야 한다. 헌금을 교회 운영이나 사역비 모금을 위한 후원비 기부라는 세속적인 가치로 보는 것이 아니라 하나님을 향한 신앙고백으로서의 헌금의 본을 보여주어야 한다.

4) 기도생활

하나님의 사역은 하나님의 능력으로 한다. 그러므로 권사의 능력은 기도에서 나와야 한다. 실제로 한국 장로교회의 권사 이미지는 "기도의 사람"이다. 감리교회처럼 가르치기 위하여 세워진 직분이 아니라 영적 능력으로 교회를 섬기는 기도하는 사람의 이미지가 바로 장로교의 권사의 이미지이다.

특히 권사의 영적 생활은 늘 하나님과 영적인 온라인(On-Line) 상태가 되어야 한다. 하나님의 일을 하려면 하나님의 뜻을 알고 그 마음을 알아야 한다. 예수님 역시 늘 기도로 하나님과 교통하셨다. 그리고 우리에게 기도를 가르쳐 주시고(주기도) 기도의 본을 보여주셨다. 우선적인 권사의 기도생활은 개인적으로 하나님과의 관계가 영적으로 유지되어야 한다.

권사의 기도생활은 권사 개인의 영성생활을 위한 기도, 성도들을 위한 영적 사역을 위한 중보기도, 그리고 예배나 집회 등에서 하는 대표기도, 이 세 가지로 이루어진다.

권사는 먼저 자신의 영적 삶을 위한 기도가 있어야 지도자로서의 사역을 온전하게 할 수 있다. 권사는 늘 하나님과 동행하는 삶이 되어야 하고 그의 삶이 늘 영적으로 충만해야 함으로 권사의 개인적인 기도생활은 참으로 중요하다.

그 다음은 권사가 자신의 직분을 감당하기 위한 기도이다. 자신이 영적 충만함으로 하나님께서 자신에게 맡기신 사명에 철저히 헌신하고 봉사할 수 있도록 믿음과 순종을 위하여 늘 기도할 필요가 있다. 그리고 영적 능력으로 준비되어야 성도들을 온전히 돌볼 수 있다. 권사의 일은 영적인 일이기 때문에 영적 준비가 더욱더 필요하다. 마가복음 9장에 보면 제자들이 고쳐주지 못한 귀신들린 아이를 예수님께서 고쳐주신 사건에 대하여 제자들이 예수님께 "우리는 어찌하여 능히 그 귀신을 쫓아내지 못하였나이까"(막 9:28)라고 묻자 예수님은 제자들에게 "기도 외에 다른 것으로는 이런 종류가 나갈 수 없느니라"(막 9:29)고 말씀하셨다. 권사가 기도로 준비하지 않고서는 영적 사역을 감당할 수 없음을 말하고 있다. 권사는 교회 사역자이다. 그러므로 영적 무장으로 준비되지 않으면 그 사역을 바로 감당하지 못한다. 그래서 권사는 그 사역을 감당하기 위해 늘 기도해야 한다. 기도에 대하여 잘 알고 있어야 할 뿐 아니라 기도의 능력이 준비되어야 한다.

권사는 자신의 영적 능력이나 사역을 위한 준비뿐만 아니라 목회자나 성도들, 그리고 필요한 모든 사람들과 사역을 위한 중보기도를 하는 것 역시 중요한 직무이다. 권사의 밤을 새우는 중보기도를 통하여 이 땅에 하나님의 역사가 이루어진다. 그러므로 권사는 자기 신앙이나 자신의 영적 능력만이 아니라 성도들을 위한 중보기도로 교회를 섬겨야 한다. 필자는 시무 중에 예배를 인도하고 설교하는 목사를 위해 기도실에서 중보기도로 도왔던 참으로 고마운 권사님들을 기억한다. 목회는 목사 혼자만의 능력이나 헌신으로는 충분하지 않다. 권사들의 기도의 중보, 기도의 협력이 능력 있는 목회를 가능하게 한다. 그래서 사도 바울도 기회 있을 때마다 자신을 위해서 기도해 달라고 부탁하였다(골 4:3, 살후 3:1, 히 13:18).

또 하나 권사의 기도는 예배시나 집회 등 각종 모임에서 하는 공중 기도이다. 권사는 어떤 모임이나 예배, 예식, 행사나 집회에서, 또는 심방시, 소그룹 모임, 식사기도에 이르기까지 필요에 따라 공중기도를 인도해야 할 때가 많이 있다. 권사는 이런 공중기도를 바로 잘할 수 있어야 한다. 기도의 모범이 주님께서 가르쳐 주신 기도이지만 이런 공적 혹은 사적 대표기도 역시 내용이나 형식, 그리고 사용하는 용어까지 지도자답게 잘 감당해야 한다. 어떤 경우에도 기도는 사람에게 하는 것이 아니라 하나님께 드리는 것임을 명심할 필요가 있지만 기도의 진정성과 형식도 중요하다. 그 상황에 맞게 기도할 수 있어야 하는 것은 물론이지만 모두가 공감하고 자신의 기도로 받아들일 공적 기도를 해야 한다.

이 경우 명심해야 할 것은 공중예배 순서에 평신도가 드리는 기도는 목회기도가 아니므로 내용은 경배와 감사와 찬양과 자복과 은혜의 말씀을 사모하는 내용으로서 목회기도와 중복되지 않도록 함이 좋다. 기도의 내용이 형식이나 격식을 중시함으로 너무 길어지거나 지루하지 않게 적당한 기도를 할 필요가 있다. 어떤 경우에는 자신의 성경 지식이나 실력을 과시하는 듯한 기도를 하는 실수도 조심하여야 한다. 모임의 성격이나 상황에 따라 다를 수는 있지만 일반적으로 공중기도는 3분 정도의 길이로 드리는 것이 적당하다고 할 수 있다.

기도는 단순한 의식(儀式)이 아니므로 하나님을 향해 드리는 진정성이 있어야 하고 듣는 사람이 아니라 받으시는 하나님을 행해 진실하게 드려야 한다. 중요한 것은 응답 받을 만한 믿음의 기도가 되어야 한다는 것이다.

5) 전도생활

전도는 어느 직분자나 선교사 또는 전도자로 특정된 사람만이 아니라 모든 성도들의 의무요 하나님의 명령이다. 예수님은 우리 모두에게 "온 천하에 다니며 만민에게 복음을 전파하라"(막 16:15)고 하셨다. 그것도 "때를 얻든지 못 얻든지 말씀 전파에 항상 힘쓰라"(딤후 4:2)고 명하셨다. 그 명령은 하나님 앞과 살아있는 자와 죽은 자를 심판하실 그리스도 예수 앞에서 그가 나타나실 것과 그의 나라를 두고 하신 엄한 명령이다(딤후 4:1). 그러므로 복음 전하는 일이야말로 너무나 당연한 도리이고, 복음 전도를 소홀히 한다면 악하고 게으른 종으로 취급될 수밖에 없다.

사도들을 비롯한 초대교회 성도들의 삶은 다 복음 전도를 위한 삶이었고, 특히 "나를 따라오라 내가 너희를 사람을 낚는 어부가 되게 하리라"(마 4:19)고 부르신 예수님의 제자 삼은 첫째 조건이었다. 그래서 교회의 사명도, 성도들의 사명도, 특히 교회 지도자들의 사명도 우선적으로 전도가 전제되어야 한다.

근자에 와서 교회 지도자들의 관심이 복음 전도(선교)보다는 교회 관리에 더 많은 관심을 갖는 경향이 있음은 극히 위험한 일이다. 교회 지도자들이 교회를 섬기고 관리하고 교회 공동체를 잘 유지하는 일에도 책임이 있지만 그보다는 더 많은 영혼을 살리고 세우는 선교적 책임을 중시해야 한다. 생명을 사랑하지 않는다면, 죽어 가는 생명을 방치하거나 외면하거나 살리려는 노력을 소홀히 한다면 그는 그리스도의 종이 아니라고 할 수 있다. 말이나 행동이나 사역을 통하여, 또 그의 개인적인 삶을 통하여서 늘 영혼 구원에 대한 열심을 잊지 않아야 한다.

너무나 자명한 일이기에 권사의 전도생활에 대해서는 새삼스럽게 강조하는 것 자체가 사족(蛇足)이 될 것이므로 권사에게 전도를 다시 강조할 필요는 없을 것이다. 필자의 지인 한 분은 택시 운전사에게 복음을 전하다가 택시 운전사가 어떤 교회 직분자로부터 경제적 손해를 입어서 예수를 안 믿겠다고 하는 대답을 듣고 자신이 대신 얼마라도 보상하겠다고 하며 자신이 가진 돈을 모두 주면서 전도했다는 간증을 들었다. 그렇다. 전도는 성도들, 특히 교회 지도자들의 삶이 되어야 한다.

모든 성도와 교회 지도자들은 "그러므로 너희는 가서 모든 민족을 제자로 삼아 아버지와 아들과 성령의 이름으로 세례를 베풀고 내가 너희에게 분부한 모든 것을 가르쳐 지키게 하라 볼지어다 내가 세상 끝 날까지 너희와 항상 함께 있으리라"(마 28:19-20)고 하신 주님의 지상

명령(至上命令)에 순종하여야 한다. 그 일을 위하여 "하늘과 땅의 모든 권세"를 받았다. 세상 끝날까지 항상 우리와 함께하신다는 주님의 말씀에 힘입어 우리 성도들은 생명의 복음을 전하여 어떤 사람을 살릴 수도 있고, 생명의 복음을 전하지 않아서 어떤 사람을 멸망하게 방치할 권세도 있다. 권사는 자신이 받은 이 엄청난 권세를 사람을 살리고 세우는 일에 선용하는 신실한 삶을 살아야 한다.

6) 언어생활

권사의 교회 봉사는 거의 모두가 말과 함께 행하는 봉사이다. 교단 헌법이 규정하는 권사의 직무 역시 말로 하는 봉사이다. 예장 통합의 경우 헌법 2편 정치 5장 52조에 의하면 "권사는 교회의 택함을 받고 제직회의 회원이 되며 교역자를 도와 궁핍한 자와 환난당한 교우를 심방하고 위로하며 교회에 덕을 세우기 위해 힘쓴다"라고 규정한다. 제직회원으로서 교역자를 도와 궁핍한 자와 환난당한 교우를 심방하는 일도 말로 하는 봉사이고, 환난당한 교우들을 위로하는 것 역시 말로 하는 봉사이다. 교회에 덕을 세우는 일도 거의 모두가 말로 하는 사역이다. 따라서 권사의 덕목 중 중요한 덕목이 "온전한 언어"이다.

사실 권사뿐 아니라 모든 사람의 인격의 온전함의 가장 중요한 표현은 언어이다. 그래서 성경 야고보서 1장 26절에서는 "혀를 통제하지 못하는 사람의 경건은 헛것"이라고 말씀하고, 야고보서 3장 2절에서는 "말에 실수가 없는 자라면 곧 온전한 사람이라"고 말씀하신다.

그 외에도 성경은 말로 범할 수 있는 실수나 범죄에 대해 많은 곳에서 경고한다. 남을 비판하지 말라(마 7:1-2), 원망하지 말라(고전 10:10, 약 5:9) 등이다. 권사는 말을 조심하여야 할 뿐 아니라 말로 덕을 세울 수 있어야 한다. 특히 교회에 좋은 신앙 문화를 만들기 위해서 좋은 말, 긍정적인 언어가 소통되는 현장이 되게 해야 한다.

특히 권사는 교회의 여론 형성에 기여할 필요가 있다. 많은 경우 권사들이 교회의 모든 여론을 좌우한다. 권사라는 직분 자체가 여론 형성의 중심에 있기 때문이다. 권사는 교회 분위기나 문화, 그리고 성도들의 생각을 지배하는 여론을 긍정적이고 적극적인 여론으로 만들 책임이 있다. 또 일반적으로 권사의 남편들이 교회의 중직자로 섬기는 경우가 많다. 따라서 권사의 말이 교회에 절대적 영향을 준다. 권사가 교회의 긍정적 여론을 만들어 교회 문화를 거룩하게 세워야 한다.

그러기 위해서 권사 스스로 좋은 언어습관을 가지도록 노력하여야 한다. 사람의 사고방식이나 가치관은 늘 그의 언어습관에 좌우된다. 권사는 성도들의 생각을 바르게 하고 삶의 태도를 바르게 세우기 위해 언어습관을 온전하게 해야 한다. 좋은 말이 좋은 사람을 만들고, 좋은 사람은 좋은 말을 사용하게 된다. 말에는 신비한 능력(Magic Power)이 있어서 그의 생각이 말에 지배되고 또 듣는 사람의 사고방식에 영향을 준다. 권사는 좋은 언어습관으로 사람의 생각을 이끌 수 있고 교회의 건강한 문화를 위해 건전한 여론을 형성할 수 있어야 한다. 말로 하는 봉사가 가장 큰 봉사이다. 하나님이 주신 최고의 무기인 말을 통하여 교회에 덕을 세울 수 있는 거룩한 여론의 진원지가 되어야 한다.

7) 친교생활

교회 지도자인 권사로 교회를 섬김에는 교회 공동체 안에서의 성도의 교제 역시 중요하다. 자신의 신앙을 지키고 자신의 삶을 풍성히 세워 나가야 하기 때문이다. 그 첫걸음이 바로 성도의 교제이다. 교회생활에서 가장 중요하고 우선적인 것은 하나님과의 관계이지만 또 하나 중요한 것이 바로 교회 가족들과의 관계이다. 그래서 예수님께서도 율법의 강령을 말씀하시면서 "네 마음을 다하고 목숨을 다하고 뜻을 다하여 주 너의 하나님을 사랑하라" 하신 다음 그것이 첫째이고, 둘째는 바로 "네 이웃을 네 자신같이 사랑하라"고 말씀하셨다(마 22:37-39). 성도의 교제는 사도신경에서 신앙으로 고백할 만큼 중요한 일이다. 그러므로 권사는 하나님을 잘 섬겨야 하지만 동시에 성도들과의 관계도 잘 맺어야 한다.

사도 바울은 교회를 설명하면서 교회를 우리 몸에 비유하고 성도들 각자를 '지체'라고 했다(엡 4:15-16). 교회 공동체 안에 함께한 성도는 '너'가 아니라 바로 '나', 즉 나의 지체라는 말이다. 그리고 "온 몸이 각

마디를 통하여 도움을 받음으로 연결되고 결합되어 각 지체의 분량대로 역사하여 그 몸을 자라게 하며 사랑 안에서 스스로 세우느니라"(엡 4:16)고 하여 성도 모두의 온전함이 곧 자신의 온전함이라고 설명한다.

신앙은 자신과 하나님과의 관계에서 이루어지고 철저히 개인적인 결단으로 이루어지지만, 신앙이 자라고 온전해지기 위해서는 성도의 교제가 필요하다. 성도의 교제를 통해서 성화되고 그리스도의 장성한 분량까지 이르게 되기 때문이다. 마치 사람이 부모로부터 태어나는 것은 철저히 유아독존(唯我獨尊)이지만 사람으로 살기 위해서는 사회적 관계가 필요하듯이 신앙도 같은 이치이다. 그리스도인이 되는 것은 자기 결단이지만 그리스도인으로 사는 것은 공동체를 통하여 가능하다.

교회는 이를 위해 구역(셀, 목장, 순)이라는 제도를 두어 성도의 교제를 도모한다. 구역은 신앙의 실천 현장이라고 할 수 있다. 권사는 주로 구역을 지도하고 온전한 성도의 교제가 이루어지도록 하는 책임을 맡는다. 성도의 교제가 잘 이루어지도록 하는 것이 성도들을 바로 이끌어 가는 중요한 방법이고, 교회를 믿음으로 성장시키고 흥왕하게 하는 방법이기도 하다. 그리고 권사 자신이나 성도들을 영적으로 성장하게 하는 중요 사역이기도 하다.

그리스도인의 교제로서의 구역은 돌봄과 사귐을 통하여 믿음이 약한 자를 온전한 믿음으로 세워 주고, 어려움 속에 있는 성도들을 위로하여 믿음으로 극복하게 돕고(고후 8:1-5), 서로 짐을 나누어 짐으로(갈 6:2) 서로의 신앙을 성장시키고, 서로를 격려하여 세워 주고(히 10:24-25),

서로를 위해 기도함으로(빌 1:9-11, 19) 그리스도의 몸인 교회를 세우게 된다. 그래서 권사의 성도의 교제는 자신의 신앙생활뿐 아니라 성도들을 돕고 교회를 세우는 참으로 중요한 사역이며 신앙생활이다.

7

권사의 섬김

교회 지도자는 기본적으로 세상의 다른 공동체의 지도자와는 달리 지배하거나 주관하는 사람이 아니라 교회를 섬기는 사람이다. 그래서 권사 역시 사람을 살리고 사람을 세우는 직임을 맡은 지도자이다. 이를 위해서 그 마음가짐뿐 아니라 태도 역시 중요하다. 태도는 그 마음의 표현이기 때문이다. 그래서 언어나 행동 이전에 그 마음가짐이 중요하다. 늘 미소 띤 얼굴, 단정한 복장, 정중한 태도, 겸손한 몸가짐, 남을 격려하고 세워 주는 인자함이 필요하다. 지배자가 아니라 섬기는 자이기 때문이다. 늘 하나님 앞에 선(Coram Deo) 자세로, 늘 예배하는 마음으로, 정결한 언어 행동으로 교회 지도자의 품위를 지켜야 한다. 모든 일에 완전할 수는 없지만 완전을 향해 나아가고 있는 신앙의 모범을 보여야 한다.

실제로 한국교회를 섬겨온 최고의 헌신자는 권사라고 할 수 있다. 오늘 한국교회는 목사나 장로보다 권사들이 기도하고 봉사하고 이름 없이 빛 없이 수고하여 세웠다고 할 수 있다. 그래서 권사는 영성과 희생과 봉사의 상징이다. 불신자들도 교회 권사라고 하면 "기도 많이 하고 교회 봉사 열심히 하고 특히 목사님을 잘 섬기는 사람"으로 인정한다.

이런 권사의 이미지가 세상에서 바라보는 교회의 이미지라고 할 수 있다. 그러므로 점점 어려워져 가는 한국교회 현실을 타개하여 새로운 역사를 이루어 가기 위해 다시 권사의 상징인 영성과 희생과 봉사가 회복되어야 한다. 중요한 것은 권사의 영성이다. 교회를 세우는 것은 힘으로 되지 아니하며 능력으로 되지 아니하고 오직 하나님의 영으로만 가능하기 때문이다(슥 4:6).

교회를 세우는 것은 교회 지도자의 영성을 온전하게 세움으로 가능하게 된다. 권사는 늘 자신의 영적 상태를 점검하여 자신의 믿음의 진정성을 잃어버리지 말아야 한다. 교회생활에 익숙해지면 신앙생활이나 교회를 섬기는 일이 형식적이고 습관적인 일상이 되어 영적으로 메마른 자신의 상태를 깨닫지 못하고 영적 갈급함조차 느끼지 못할 위험이 있다. 그래서 중요한 것은 자신의 영적 진정성을 유지하는 일이다.

특히 교회 지도자는 자신이 "하나님의 종"이라는 자부심과 확신을 가져야 한다. 사도 바울이 "내가 나 된 것은 하나님의 은혜"(고전 15:10)라고 고백한 것처럼 "나를 세우신 것은 하나님"이라는 확신이 있을 때 늘 당당할 수 있다. 하나님이 세웠다는 확신이 있을 때 어려워도 낙심하지 않고 잘 되어도 교만하지 않을 수 있다.

자신을 권사로 세우신 것은 교회를 오랫동안 섬긴 수고에 대한 보상이나 교회 안에서의 자신의 위상을 세워 주고 권위를 높여 주고 명예를 갖게 해 주기 위함이 아니라 그리스도의 몸, 곧 교회를 세우기 위함이라는(엡 4:11-12) 확실한 신앙고백이 필요하다. 그런 신앙고백 위에 사람을 살리고 사람을 세우는 교회 지도자의 사명을 감당하여야 한다.

1) 믿음으로 섬겨라

교회는 믿음의 공동체다. 주님의 몸인 생명의 능력이 있는 살아있는 주님의 몸이다. 그러므로 성도의 모든 삶의 행위와 활동은 믿음에 근거해야 한다. 교회 사역의 근본적인 목적은 믿음을 이루기 위함이다. 권사는 언제나 사역의 목적과 방법과 능력 역시 믿음으로 해야 한다.

교회 사역은 세상의 어떤 사업과 다르다. 그것이 비록 좋은 일, 흔히들 말하는 선한 일이라고 해도 그 사업의 성공을 위해 일하는 공동체는 아니다. 교회는 사회복지를 위해 많은 노력을 하지만 분명한 것은 사회복지나 자선사업을 위한 공동체가 아니다. 교회는 철저히 도덕적이고 윤리적인 공동체이지만 교회가 도덕 운동을 하는 NGO 단체가 아니다. 교회가 늘 사회정의를 말하지만 사회정의를 위한 공동체도 아니다. 사회 일각에서 교회의 사회적 공헌이나 책임을 말하지만 엄격히 말해서 교회는 좀 더 나은 세상을 만들기 위한 사회운동 단체가 아니다. 교회는 철저히 인간 구원을 이루기 위한 믿음의 단체이다. 그래서 교회의 사역의 목적이나 방법이나 능력이 철저히 믿음에 근거해야 한다. 믿음을 세우기 위한 공동체이고, 모든 사역은 믿음을 세우기 위한 사역이다.

권사의 교회 섬김의 목적도 믿음이어야 하고, 그 사역을 위한 능력 역시 믿음이어야 한다. 곧 모든 사역이 믿음을 목적으로, 믿음의 방법으로, 믿음의 능력으로 행해야 한다. 즉, 무슨 일이든 우선적으로 고려되어야 하는 것은 믿음이다. 그래서 성경은 "믿음을 따라 하지 아니하는 것은 다 죄니라"(롬14:23)고 하였다. 최선을 다하여 열심히 행했을지라도 믿음으로 하지 않고 자기 의를 위해서, 자기 공로를 나타내기 위하여 행한 수고는 하나님께는 인정받을 수 없다. 그렇기 때문에 삶이나 섬김이나 봉사, 그리고 모든 교회 사역은 믿음을 목적으로 이루어져야 한다. 믿음이 행위와 섬김의 동인(動因)이 되어야 한다. 믿음으로 하지 아니하고 자기 기분으로 하거나, 자신의 이익을 목적으로 행하거나, 하나님의 뜻과 상관없이 자신의 의와 자신의 생각을 따라 행하거나, 세상의 풍조를 따라 행하거나, 생각 없이 행하는 모든 것은 아무리 하나님의 이름으로 한다고 해도 자신을 위한 일이지 하나님의 일이 될 수 없고 하나님의 인정을 받을 수 없다.

모든 신앙인의 행위는 "주님의 뜻"을 기저(基底)로 이루어져야 한다. 어디서 무엇을 하든지 그리스도인들이 하는 모든 섬김과 봉사와 헌신은 오직 믿음으로 해야 한다. 사도 바울은 골로새 교인들에게 "무엇을 하든지 말에나 일에나 다 주 예수의 이름으로 하고 그를 힘입어 하나님 아버지께 감사하라"(골 3:17)고 하셨다. 무엇을 하든지 그것이 하나님이 기뻐하시는 하나님의 일인가 아닌가가 중요하다. 할 수 있는 일인가 아닌가가 표준이 아니라 하나님의 뜻을 이루기 위한 믿음의 목적에 맞는가 아닌가가 표준이다. 그래서 교회 사역은 사역을 위한 인력 혹은 재정적 능력을 고려하여 하는 것이 아니라 교회가 지향하는 목적인가 아닌가를 따라 결정하여야 한다.

교회 사역의 방법 역시 믿음이 표준이다. 신앙적인가 아닌가가 방법을 결정하는 표준이 되어야 한다. 우리는 성경의 "믿음장"이라고 하는 히브리서 11장에서 수많은 믿음의 역사를 본다. 믿음으로 살아간 사람들의 기적적인 삶을 읽는다. 모든 일이 믿음의 능력으로 이룬 역사임을 배울 수 있다. 그 중에서 민족의 역사를 바꾼 출애굽의 역사가 그렇다. 모세는 애굽 왕 바로를 굴복시킬 수 있는 비장의 무기도 없었고 훈련된 군대나 자신의 전략이나 전술도 없었다. 오직 전능하신 하나님의 능력을 믿는 믿음으로 바로에게 갔고 믿음의 능력이 바로를 굴복시킬 수가 있었다. 또한 광야 길을 가기 위한 아무런 준비나 대책도 없이 오직 하나님의 인도하심을 믿는 믿음 하나로 육십만이 넘는 장정과 그들의 가족을 이끌고 애굽을 떠나 허허벌판 광야로 나갔다. 모세는 아무 대책도 없이 그 민족을 믿음으로 이끌고 가나안으로 향했다. 그는 홍해에 이르러 진퇴양난의 위기 앞에서 "너희는 두려워하지 말고 가만히 서서 여호와께서 오늘 너희를 위하여 행하시는 구원을 보라"(출 14:13)

는 믿음의 고백을 했다.

　모세에게는 믿음 외에는 다른 대책이 없었다. 오직 하나 믿음뿐이었다. 그 믿음으로 인하여 그들은 사십 년 동안 열사의 사막에서도 "그 옷이 해어지지 아니하였고 발이 부르트지 않았고" 결국 여리고를 점령해 약속의 땅을 차지할 수 있었다(느 9:21-22). 믿음은 인간의 상식을 초월한다. 믿음은 불가능을 가능하게 한다. "믿음은 바라는 것들의 실상이요 보이지 않는 것들의 증거"이다(히 11:1). 우리는 히브리서 11장에서 믿음의 능력, 믿음의 역사, 믿음의 증거의 기록들을 수없이 읽을 수 있다. 믿음은 능력이다.

　교회 지도자인 권사의 교회 사역은 믿음의 능력으로 하는 사역이고 믿음의 능력을 보여주는 사역이다. 세상 사람들은 이성적 자기 판단이나 합리적 이유를 따라 행동하지만 성도들은 믿음을 따라 믿음의 능력으로 행동한다. 그래서 교회 지도자들은 불가능을 가능하게 함으로 믿음의 역사를 보여줄 수 있어야 한다. 권사는 무엇을 하든지 믿음으로 하고 믿음의 역사를 실증하는 삶을 살아야 한다. 우리 시대의 문제는 믿음보다는 똑똑한 자기 지혜와 자기 판단을 중시하는 데 있다. 합리적이어야 하지만 지나치게 합리적이라서 믿음이 역사할 자리가 없다. 합리적인 논리와 상식의 한계 안에 갇혀 있다.

　신앙은 때로 "바보처럼 우직하게" 믿음으로 나아가야 한다. 찬송가의 가사처럼 "눈에 아무 증거가 보이지 않아도 믿음만을 가지고서 늘 걸어야" 한다. "귀에 아무 소리 아니 들려도 하나님의 약속 위에" 서야 한다. 믿음이 권사의 삶과 섬김의 동인이 되어야 한다. 권사는 믿음으로 섬겨야 한다.

2) 사랑으로 섬겨라

흔히들 기독교를 사랑의 종교라고 한다. 물론 이것은 우리가 서로 사랑해야 한다는 의미도 있지만 그보다는 하나님의 사랑을 근거로 하는 종교라는 의미가 크다. 기독교가 사랑의 종교인 것은 "하나님이 세상을 이처럼 사랑하사 독생자를 주셨으니 이는 그를 믿는 자마다 멸망하지 않고 영생(구원)을 얻게(요 3:16) 하시는 하나님의 사랑의 종교"라는 의미이다. 우리가 하나님을 믿을 수 있는 근거나 믿을 수 있는 은혜를 받은 것은 우리 자신의 의가 아니라 전적으로 독생자를 주시고 독생자를 십자가에 매달아 피 흘려 죽으심으로 죄인인 우리에게 대속의 은총을 주신 하나님의 사랑을 근거로 한다. 교회는 바로 예수 그리스도 안에 나타난 그 사랑을 근거로 그 사랑을 믿음으로 하나님께 나아가고 그 사랑으로 구원받는 종교이다. 예수 그리스도 안에 나타난 하나님의 사랑, 놀라운 은혜에 응답한 사람들이 모인 사랑의 공동체가 바로 교회이다. 이것이 타 종교와의 차이라고 할 수 있다.

타 종교는 인간이 신을 찾아가는 종교이다. 타 종교는 인간이 고행을 하고 참선을 하고 수행을 하고 적선을 하여 신을 찾아가는 종교들이지만 기독교는 우리가 하나님을 찾은 것이 아니라 하나님이 우리를 찾아오신 종교이다. 우리가 하나님을 알지도 못했을 때 이미 우리를 사랑하시고 우리를 위해 자신을 희생하여 우리를 구원하신 종교이다. "우리가 아직 죄인 되었을 때에 그리스도께서 우리를 위하여 죽으심으로 하나님께서 우리에 대한 자기의 사랑을 확증"(롬 5:8)하여 우리를 부르신 종교가 기독교이다. 사람이 갖은 희생을 바쳐서 신을 찾아가는 것이 타 종교라면 신(하나님)이 우리 인간을 위하여 자신을 희생하시며 친히 인간을 찾아오신 종교가 바로 기독교이다.

우리의 믿음은 우리 인간을 친히 찾아오시고 우리를 위하여 친히 자신을 희생하신 하나님의 그 사랑을 받아들이고 믿는 것이다. 비록 한없이 부족하지만 우리가 드리는 하나님을 향한 작은 헌신 역시 자신을 희생하여 우리를 사랑하신 하나님의 사랑에 응답하는 것이다. 그래서 교회는 하나님의 놀라운 은혜에 응답한 사람들이 모인 사랑의 공동체이다. 교회 봉사나 사역은 다 이 하나님의 사랑에 근거한다.

우리의 믿음 역시 사랑을 전제로 한다. 전부를 주신 하나님께 우리의 전부를 드리는 것이 우리 믿음이다. 예수님이 율법의 대 강령으로 가르쳐 주신 대로 우리의 신앙은 "마음을 다하고 목숨을 다하고 뜻을 다하여" 하나님을 사랑하는 것이고, "우리 이웃을 네 자신같이 사랑하는 것"이다(마 22:37-39).

그러므로 권사의 교회 섬김은 반드시 이 사랑으로, 또 사랑 때문에 하는 헌신이어야 한다. 교회는 바로 예수 그리스도 안에 나타난 하나님의 사랑, 놀라운 은혜에 응답한 사람들이 모인 사랑의 공동체이기 때문이다. 그래서 교회 사역 역시 사랑의 실천이라고 할 수 있다. 섬김의 동기가 사랑이라는 말이다. 수고의 동기가 사랑이라는 말이다. 우리가 왜 수고하고, 왜 봉사하고, 왜 섬기느냐? 그 동기가 무엇이냐? 바로 사랑 때문이다. 모든 행동은 사랑을 전제로 하고, 사랑으로 섬겨야 한다.

일반적으로 사람들의 수고의 동기는 이기심이다. 자기 사랑, 자기 유익, 자신의 목적을 따라 행동하고 말하고 수고한다. 사랑의 수고 대신 자기 목적을 위한 수고, 자기 영광을 위한 수고이다. 동물들의 활동 동기는 주로 본능적 욕구를 따르는 것처럼, 세상의 거의 모든 인간 공동체의 모든 사람들은 자기 사랑, 자기 유익, 자신의 목적을 따라 행동하고 말하고 수고한다. 그러므로 일반적인 사람들의 삶의 동인(動因)은 자기 유익에 있다. 다른 사람을 사랑하는 사랑 역시 자기애(自己愛)의 표현이라고 할 수 있다. 어딜 가든 무엇을 말하거나 무슨 일을 하든지 다 자기 목적을 위한 행동이다. 마치 동물들이 하루 종일 먹을 것을 찾아다니듯이 사람들의 거의 모든 수고는 자신을 위한 것이라고 할 수 있다. 그러나 성도들, 그리고 교회 지도자들의 언어, 행동, 수고와 헌신의 동기는 사랑이어야 한다. 사랑 때문에 수고하고 사랑 때문에 섬기고 봉사해야 한다. 사랑이 기독교인들의 신앙적 동기이다. 섬김의 목적이 사랑에 있다. 어떤 것이 자기에게 "유익하냐?"가 아니라 어떤 것이 "사랑하는 것"인가가 표준이 되어야 한다.

교회나 가정의 최고의 법은 정의가 아니라 사랑이다. 가정과 교회는 사랑으로 움직인다. 사랑이 없는 수고는 짐이 되고 부담이 되고 대가를 기다리는 거래(去來)가 된다. 기독교인의 사랑은 구원의 은혜에 대한 응답이며 하나님의 사랑에 대한 응답이다.

세상은 시장가치를 따라 움직인다. 사랑을 하면서도 자신에게 돌아올 현실적인 어떤 유익을 기대한다. 그러나 신앙적인 가치는 계산 없이 사랑하는 가치이다. 생명을 바쳐도 아깝지 않을 가치이다. 마음을 "다하고" 뜻을 "다하고" 성품을 "다하여" 사랑하는 사랑이다. 계산하여 하는 사랑이 아니라 조건 없이 전부를 다 바치는 사랑이 신앙적인 가치이다. 그 사랑을 드리는 것을 우리는 헌신(獻身)이라고 한다. 자신이 가진 소유는 물론 자신의 전부, 곧 자신의 몸까지 드리는 것이 헌신이다. 그래서 기독교인의 사랑은 "사랑받을 가치가 없는 사람도 사랑하는 사랑", 즉 대가를 기대하지 않는 사랑이다. 우리가 주님의 주 되심(the Lordship)을 인정할 때에만 가능한 사랑이다.

오늘 우리 시대 교회의 문제는 사랑의 절대가치를 잃어버린 것이다. 사랑의 수고가 없다는 것이다. 사랑을 근간으로 하는 공동체성이 약화되었다. 교회는 윤리성이나 도덕성보다는 공동체성이 우선이다. 공동체성은 사랑을 기초로 한다. 유익을 추구하는 공동체가 아니라 희생을 추구하는 공동체이다. 우리의 영적 능력 역시 사랑의 공동체성 안에서 세워진다. 주님은 제자들에게 예루살렘을 떠나지 말고 모여서 함께 합심하여 기도하라고 하셨다(행 1:4). 사랑의 공동체성을 강조하신 것이며, 성령의 역사는 한곳에 모여서 합심하여 드리는 기도 가운

데 임하셨다. 영적 능력 역시 사랑의 공동체를 통하여 임하셨다. 오늘 한국교회의 염려는 교회의 비윤리성이나 도덕성의 문제보다는 공동체성의 와해문제이다. 사랑의 관계의 약화가 문제이다. 교회 공동체는 성령의 임재 가운데 교회 구성원들의 사랑의 공동체성을 든든히 할 때 능력 있는 공동체가 될 수 있다.

그래서 권사의 섬김은 "사랑의 섬김", 즉 사랑으로 교회를 섬기는 섬김이어야 한다. 권사들이여, 사랑으로 교회를 섬겨라.

3) 소망으로 섬겨라

교회는 천국 소망의 공동체이다. 천국의 소망이 있기 때문에 오늘의 어려운 현실에서도 온전한 삶을 추구하고 때로는 희생을 감수하면서 의를 추구할 수 있고 힘들고 어려운 삶의 현장에서도 인내할 수 있다. 천국의 소망이 있기 때문에 남을 용납할 수 있고 양보할 수 있다. 그래서 교회는 철저히 천국 소망이 있는 공동체이다. 기독교 신앙은 현세적 축복을 넘어선다. 눈앞에 있는 현세적 풍성함보다는 미래의 소망을 보는 인내를 가질 수 있다.

우리 시대의 큰 문제 중에 하나는 지나친 현실주의이다. 전(前) 시대는 미래를 중시했다. "생일날 잘 먹기 위해 일주일을 굶을 수 있었다." 그러나 지금 세대는 "지금 여기서" 배불러야 하고 비록 작은 것이라도 지금 누려야 된다고 생각한다. 미래를 신뢰하지 않는다. 그래서 미래를 위해 현실을 저당 잡히지 않는다.

전(前) 세대에서는 미래의 행복을 위해 기꺼이 오늘의 희생을 감수했지만 오늘의 세대는 미래의 행복을 위해 현실을 희생하지 않는다. 다가오지 않은 미래 대신 눈에 보이는 현재에 투자하고, 현실에서 삶의 위안과 즐거움을 찾는다. 당연히 죽어서 갈 천국보다는 지금 살고 있는 현실적인 문제가 더 중요하다고 생각한다. 그러니 소망의 인내가 없다. '오늘 여기'서 삶의 의미를 발견하는 데 관심이 집중되어 있으니 '영원'에 대한 개념 자체가 없다. 자연스레 천국보다는 지금 여기가 더 중요하게 되었다. 눈에 보이는 문제, 지금 누리고 있는 이 세상 문제에 급급하게 된다. 그래서 기독교도 영원을 위한 종교가 아니라 현실적 축복을 추구하는 종교가 되어 버릴 위험에 처하였다.

기독교인들의 가치는 미래, 곧 천국에 소망을 두고 오늘의 어려움을 견디는 소망의 인내를 가져야 한다. 내일의 영광을 위해 오늘 십자가를 지는 것이다.

공생애를 시작하면서 예수님이 마귀에게 당하신 유혹은 세 가지가 다 현실주의에 대한 유혹이었다. 마태복음 4장에 기록된 예수님께서 성령에게 이끌리어 마귀에게 시험을 받으신 기사(마 4:1-11)를 보면 40일을 주야로 금식한 예수님에게 마귀는 "네가 만일 하나님의 아들이어든 명하여 이 돌들로 떡덩이가 되게 하라"(마 4:3)고 유혹한다. 40일간을 금식하신 주님이 지금 가장 필요로 하는 것이 무엇인지를 너무나 잘 아는 마귀는 예수님께 "네가 만일 하나님의 아들이어든"이라고 전제를 하고 지금 가장 시급한 문제의 해결을 신적(神的) 능력으로 해결하여 하나님의 아들임을 증명해 보이라는 유혹이었다. "하나님의 아들"임을 증명하고, 또 가장 시급한 현실 문제인 먹는 문제를 해결하라는 유혹이었다.

당시 로마의 압제로 인해 굶주린 백성들에게 가장 시급하고 효과적이고 현실적인 문제는 바로 "먹고 사는 문제"였을 것이다. 만일 예수님이 유대 광야에 즐비한 돌들로 떡을 만들어 유대 백성들의 경제 문제를 해결한다면 수많은 백성들이 추앙하는 영웅이 되고 추종하는 그들을 구원하기 쉬웠을 것이다. 그래서 마귀는 십자가를 지는 어렵고 힘든 방법이 아니라 하나님의 아들됨의 신적 능력으로 백성들의 현실 문제를 해결함으로 구원 역사를 이루는 가장 쉬운 방법을 선택하라고 유혹하였다. 하나님의 아들이므로 능히 할 수 있는 일이고, 자신에게나 백성들에게나 가장 현실적이고 효과적인 방법이었기에 마귀는 예수님을 향하여 "이 돌들로 떡덩이가 되게 하라"고 한 것이다. 그러나 예수님은 그 유혹에 넘어가지 않으시고 묵묵히 십자가를 지고 골고다를 오르셨다.

"현실적이고 효과적인 방법"은 누구에게나 가장 큰 유혹이다. 그러나 그리스도인에게 가장 중요한 가치는 "어떤 것이 효과적이고 어떤 것이 현실적인가?"보다는 "어떤 것이 바른 일이고, 어떤 것이 하나님의 뜻이며, 어떤 것이 영원한 소망을 이루는 방법인가?"가 중요한 가치가 되어야 한다. 오늘날 사람들은 너무나 현실주의자가 되었다. 그러나 주님은 우리에게 더 큰 가치인 "영원한 소망"을 따라 인내로 묵묵히 섬기라고 말씀하신다.

마귀의 두 번째 시험 역시 미래의 소망으로 인내하기보다는 눈앞에 보이는 가치를 따르라는 유혹이었다. 예수님을 성전 꼭대기에 세운 마귀는 "네가 만일 하나님의 아들이어든 뛰어내리라 기록되었으되 그가 너를 위하여 그의 사자들을 명하시리니 그들이 손으로 너를 받들어 발이 돌에 부딪치지 않게 하리로다 하였느니라"(마 4:6)고 유혹한다.

당시 사람들은 나사렛에서 목수로 자란 시골 청년 예수님을 아무도 메시아로 인정하지 않았고 예수님이 전하실 말씀에 귀를 기울일 처지가 아니었다. 차라리 메뚜기와 석청을 먹고 낙타 가죽을 뒤집어쓰고 요단 강변에서 외치는 광야의 소리(마 3:1-12) 세례 요한에게는 뭔가 있을 것이라는 기대와 호기심으로 몰려들었지만 나사렛에서 올라온 무명의 시골 청년 예수님에게는 아무도 관심을 가지지 않았을 것이다. 정말 당시의 예수님은 "연한 순 같고 마른 땅에서 나온 뿌리 같아서 고운 모양도 없고 풍채도 없은즉 우리가 보기에 흠모할 만한 아름다운 것"(사 53:2)이 없는 보잘것없고 아무 선한 것이 날 수 없는(요 1:46) "나사렛 청년"이었을 뿐이었다. 그런 민중에게 민족의 정신적 중심이 되는 성전 꼭대기에서 뛰어내리는 예수님을 위해 천사들이 황급히 내려와서 예수님의 발이 돌에 부딪치지 않도록 정중히 모시는 광경을 보여준다면(마 4:6) 삽시간에 수많은 사람들의 관심을 불러일으키고 메시아임을 나타낼 수 있을 것이니 이보다 더 현실적이고 효과적인 방법이 어디 있겠는가 하는 말이다.

마귀의 제안이야말로 정말 현실적이고 효과적인 방법이 아닐 수 없었다. 십자가를 지고 골고다까지 올라갈 필요 없이 신적(神的) 능력의 말씀 한마디로 이스라엘을 주님 발 앞에 무릎 꿇리고 천국을 선포하실 수 있었을 것이다. 그러나 우리는 안다. 주님은 그 쉽고 현실적인 마귀의 제안을 "주 너의 하나님을 시험하지 말라"(마 4:7)는 꾸중으로 거절하셨다. 주님께서는 "현실적이고 효과적인 방법"보다는 하나님의 뜻을 따라 묵묵히 십자가의 길을 가셨다. 이는 십자가의 뒤를 따라가는 모든 그리스도인들에게 주시는 교훈이고, 하나님께 쓰임 받는 사역자들이 취할 태도가 무엇인지를 몸소 가르쳐 주신 것이다.

주님이 받은 마지막 시험이야말로 현실주의의 극치를 말해 준다. 마귀는 주님을 지극히 높은 산으로 데리고 갔다. 그곳에서 천하만국과 그 영광을 보여주면서 주님을 유혹한다. "만일 내게 엎드려 경배하면 이 모든 것을 네게 주리라"(마 4:9). 간단하다. 아주 쉽다. 아무도 없는 단 둘만의 공간에서 절만 한 번 하면 천하만국을 다 준다고 한다. 갖은 수치와 모욕을 당하고 채찍질을 당하고 조롱을 당하면서 그 무거운 십자가를 지고 골고다 언덕을 올라가서 결국 십자가에 못 박혀 죽는 것보다 얼마나 쉽고 평안하고 간단하고 현실적인 방법인가? 세상에 이렇게 쉬운 일이 어디 또 있겠는가? 그러나 주님은 "사탄아 물러가라"(마 4:10)고 하셨다. "주 너의 하나님께 경배하고 다만 그를 섬기라"(마

4:10)는 하나님의 말씀을 어길 수는 없다고 거절하셨다.

그렇다. 아무리 쉬운 일이고 효과적이고 현실적인 일이라도 하나님의 길이 아니라면 단호히 거절해야 한다. 그것이 비록 십자가의 길을 가야 하는 힘들고 어려운 고난의 길일지라도 하나님의 뜻이라면 따라가야 한다. 그래서 주님은 눈앞에 있는 현실적인 이익보다는 눈에 보이는 아무 증거가 없고 가시적인 성공이 보이지 않아도 하나님의 뜻과 계획을 신뢰하고 현실의 유혹을 물리치실 수 있으셨다.

기독교인은 어렵고 비효율적인 일일지라도 최후의 승리를 바라보면서 인내로써 우리 앞에 당한 경주를 하며 믿음의 주요 또 온전하게 하시는 이인 예수님을 바라봐야 한다(히 12:1-2). 왜냐하면 우리 주님 예수님께서 앞으로 다가올 영원한 기쁨을 위하여 십자가를 참으사 부끄러움을 개의치 아니하셨고 결국 하나님 보좌 우편에 앉으셨기 때문에(히 12:2) 우리 역시 눈앞에 보이는 쉽고 편한 길이 아니라 소망의 인내를 가지고 살아야 하고 그렇게 섬겨야 한다.

예수님이 받으신 세 가지 시험은 사실 모두가 다 쉬운 방법이었고 현실적인 방법이었고 또 능히 하실 수 있는 방법이었다. 그렇다고 비윤리적이거나 비도적적인 것도 아니고 불가능한 것도 아니었다. 그러나 주님은 우리에게 최후의 소망, 그 소망을 위해 인내로 "바른 길, 하나님이 원하시는 길"을 따르라고 3가지 시험을 통해 우리에게 교훈해 주신다.

신앙인의 최고 가치는 천국이어야 한다. '현재'가 중요한 것은 '미래'를 준비하기 위함이다. 그러므로 성도들은 미래에 투자해야 한다.

보물을 하늘에 쌓아 두어야 한다(마 6:20). 교회 지도자들은 미래를 바라보며 오늘을 인내하는 거룩한 삶의 모습을 성도들에게 보여주어야 한다. 소망의 인내를 따라 살고 섬기는 모습을 보여주어야 한다.

우리는 온 나라가 멸망해 가는 그 절박한 와중에서 정탐꾼을 숨겨주어 자기 가족을 지킨 '라합'에게서도 배울 수 있다(수 2장, 6장). 그는 현실적인 위험을 무릅쓰고 믿음으로 미래를 준비하여 온 가족을 구원했다(약 2:25). 라합은 하나님께서 권능으로 애굽을 무기력하게 무너뜨리고 이스라엘 백성들을 가나안으로 인도하고 계신다는 소문을 들었다. 그래서 그녀는 현실적인 위험을 무릅쓰고 미래에 투자했다. 라합처럼 우리도 미래에 투자해야 한다. 소망의 인내를 가져야 한다.

하나님의 사람은 하늘의 소망을 가진 믿음을 보여주어야 한다. 우리 신앙의 궁극적 목적은 하나님의 나라이다. 기독교인이 된다는 말은 삶의 목표지점(골인지점)을 하늘나라로 삼는다는 말이다. 때로는 이 땅에서 손해를 보고 고난을 당하고 때로는 순교까지 한다. 그러나 우리의 목적은 하나님의 나라이기 때문에 절대로 손해 보는 일이 아니다. 신앙은 이 세상 용(用)이 아니라 하늘나라 용(用)이다. 권사는 영적 목적인 하늘의 소망으로 살아가며 미래를 위해 인내하는 믿음으로 교회를 섬겨야 한다.

4) 하나님을 먼저 섬겨라

섬김에 있어서 또 하나 중요한 요소는 바로 섬김의 우선순위이다. 무엇을 우선으로 섬기는가이다. 우리는 마태복음 8장 18-22절에서 상식으로는 이해하기 힘든 예수님의 명령을 듣는다. 예수님은 "주여 내가 먼저 가서 내 아버지를 장사하게 허락하옵소서"라고 말하는 한 젊은이에게 "죽은 자들이 그들의 죽은 자들을 장사하게 하고 너는 나를 따르라"고 하신다. 이는 마치 예수님께서 한 젊은이의 부친을 향한 마지막 효도조차 거부하는 것처럼 보이는 말씀이다. 그러나 예수님의 그 말씀은 윤리나 도덕에 대한 교훈이 아니라 삶의 우선순위를 가르치신 말씀이다. 비록 부친의 장사가 중요하고 시급하고 또 자식된 도리로서 마땅한 일이지만 그보다 더 우선해야 할 것은 주님을 따르는 것이라는 교훈이다. 곧 삶의 우선순위, 사람의 삶에서 가장 우선적인 일이 무엇인가를 가르쳐 주신 이야기이다.

교회 지도자라고 해서 교회 일만 할 수는 없고, 또 바쁜 일이 교회의 일만 있는 것은 아니다. 우리는 이 세상에 살고 있기 때문에 먹고 입어야 하고, 쉴만한 집이 있어야 하고, 부양할 가족이 있고, 사회적으로 나름대로의 지위가 있고, 책임져야 할 많은 일들이 있다. 교회를 섬기는 일 역시 여러 가지 많고 다양한 일들이 있다. 바쁜 세상 삶에서 어쩔 수 없이 가장 시급한 문제, 가장 바쁘다고 생각하는 일을 우선적으로 할 수밖에 없다. 그래서 교회 지도자로 임직을 하고서도 자신의 바쁜 개인적인 일 때문에 교회 섬김을 소홀히 할 수밖에 없는 많은 사람들을 본다. 가장 중요한 것은 우선순위에 대한 가치 결정이다. 자신의 삶에서 무엇이 제일 중요한지, 자신의 시간과 능력과 소유, 그리고 때로는 생명을 바쳐서라도 해야 할 우선적인 일이 무엇인지, 절대로 소홀히 할 수 없는 최고의 가치가 무엇인지가 정확해야 한다.

일반적으로 사람들의 가장 우선적인 문제는 먹고 사는 문제라고 생각한다. 옛말에 "의식이 족해야 예절을 안다(衣食足而知禮節)"는 말이나 "금강산도 식후경(食後景)"이라는 말이 상당히 설득력 있게 들린다. 일단 먹고 입고 사는 문제가 해결되어야 사람노릇을 할 수 있고, 아무리 좋은 구경도 일단은 먹고 배가 부른 뒤에야 구경거리가 된다는 말이다. 곧 세상에서 가장 중요한 것은 먹고 사는 것이고, 그것이 해결되어야 사람 노릇을 할 수 있고 다른 것을 돌아볼 여유가 생긴다. 그리스도인들 중에서도 신앙보다 직업을 더 중히 여겨서 삶의 우선순위를 먹고 살기 위한 직장에 두게 되고 그것을 당연하게 생각하는 사람이 많이 있다. 그래서 일순위의 기도제목이 "좋은 직장과 번창하는 사업"이고, 하나님께 바라는 가장 큰 축복도 경제적 부유함이다. 교회 지도자들도 교회의 사역이나 사명을 계획할 때 "돈이 있느냐?", 그것을 할 수 있는 "재정적 능력이 되느냐?"를 우선적으로 생각하는 오류를 범하기도 한다.

그런데 우리 그리스도인들에게는 기본적으로 추구해야 할 우선적인 가치가 따로 있다. 주님께서 우리에게 삶의 우선순위를 정확하게 가르쳐 주셨다. 먹고 입고 하는 일이 중요하지만 그보다 먼저 구하고 우선적으로 찾아야 할 것은 "먼저 그의 나라와 그의 의를 구하는"(마 6:33)일이다. 무엇을 먹을까 마실까도 중요하지만 그것은 불신자에게 중요한 것이고(마 6:32), 우리 하나님의 자녀들에게 "먹고 입고 하는 문제"는 하나님이 책임져 주실 일이고 하나님이 염려해 주실 것이니 우리는 먼저 "하나님의 나라와 하나님의 의"를 구하며 살아가야 한다. 하나님의 자녀들은 그것(하나님의 나라와 하나님의 의)만 바로 하면 다른 것(먹고 입고 하는 것)은 하나님이 다 책임져 주신다는 말씀이다.

그리스도인들이 자신의 능력이나 시간이나 소유, 그리고 생명을 바쳐서라도 우선적으로 투자해야 할 가치는 "하나님의 나라와 그의 의"이다. 자신이 귀하게 여기고, 자신이 바쁘다고 생각하는 일을 먼저 하는 것이 아니라 하나님이 기뻐하시고 원하시는 것부터 할 수 있는 하나님 제일주의로 살아가야 한다. 하나님이 절대자이시고 우리의 절대가치이기 때문이다. 그런 삶이 성공적인 그리스도인의 삶이다.

우리는 이 세상에서 가장 지혜로운 사람, 가장 성공적인 인생을 살아간 사람으로 솔로몬을 말한다. 그는 예수님께서 인정하실 만큼 성공적인 통치자였고(마 6:29) 참으로 행복한 왕이었다. 그의 탁월한 지혜나 통치력, 성공적 영토 확장이나 든든한 국가 안보, 그리고 정쟁이 없이 평안하고 화려한 삶을 산 왕이었다. 그는 영웅적인 왕이었지만 동시에 지혜로운 왕이었고 막강한 통치자였지만 동시에 존경받는 왕이었다. 그가 위대한 왕이 될 수 있었던 이유, 그의 지혜, 그의 능력은 어디서 나왔는가? 그의 탁월한 정치의 비법은 무엇인가? 그가 위대하고 성공적이고 지혜로운 삶을 살 수 있었던 중요한 이유는 바로 그의 우선순위 선택의 성공에 있었다.

솔로몬 왕의 우선순위 선택을 우리는 성경(왕상 3:1-15)에서 읽을 수 있다. 우리는 그가 받은 엄청난 축복이 그가 취임 초기에 일천 번제를 드렸기 때문이고, 하나님께서 "무엇을 줄까?"라고 물으실 때 지혜를 달라고 했기 때문이라고만 생각하기 쉽다. 물론 그렇다. 그것도 충분한 이유가 될 수 있다. 그러나 하나님이 단순히 일천 번제를 드린 많은 제물에 감동했다거나, 권력이나 재물이 아니라 지혜를 구한 때문만은 아니다. 솔로몬이 지혜를 구한 것을 보면 이미 그는 지혜로운 사람이었다. 사실 잘 보면 일천 번제를 드렸기 때문만도 아니다. 일천 번의 제사보다, 일천 마리의 제물보다 더욱더 중요한 것은 그의 생각, 그의 마음가짐, 그의 우선순위를 결정하는 그의 가치관의 문제이다. 그의 관심의 우선순위가 하나님께 있었기 때문이다. 그는 하나님을 섬기고 하나님을 영광스럽게 하는 것을 그의 통치의 최우선순위에 두었다.

그가 왕이 된 즉시 기브온으로 가서 번제를 드렸다는 것은, 그것도 일천 번제를 드렸다는 것은 왕으로서 그의 관심이 어디에 있고, 왕으로서 통치의 방향을 어디에 두고, 어떤 능력으로 국가를 통치하겠다는 그의 가치관이 나타나는 행동이었다. 솔로몬의 위대성은 바로 여기에 있다. 왕이 되자마자 번제를 드림으로 그의 최우선순위가 하나님임을 선언하였다. 좋은 왕이 되기 위하여 정치 원로들이나 백성들보다 먼저 하나님을 의식했다는 것이다. 비록 "민심이 천심"이라 할지라도 그는 '민심'보다는 '천심'을 더 중히 여겼다. 그는 정치 원로들을 먼저 의식하지도 않았고, 그가 왕이 되는 것을 싫어하고 아도니야를 왕으로 세우려 했던 정적(政敵)들을 의식하지도 않았다. 그는 하나님을 먼저 생각했다. 잘하려면 하나님의 인정을 받아야 한다는 것을 알았다. 그의 가장 중요한 정치 대상이 바로 하나님이라는 것을 알았다.

사실 솔로몬이 왕이 되었을 때 그에게는 먼저 해야 할 바쁘고 다급한 일들이 너무나 많이 있었다. 어린 그에게는 수많은 정적들이 있었고, 그가 왕이 될 때 평안히 왕위를 계승한 것도 아니다. 그는 왕권 승계의 1순위가 되는 장자도 아니었고, 더욱이 다윗 왕의 적자도 아니었다. 그는 불륜으로 낳은 밧세바의 아들이었다. 당시의 정세로 봐서는 다윗의 후계자는 그의 배다른 형이었던 '아도니야'였다. 그리고 '아도니야'는 이미 왕의 면모를 갖춘 준비된 사람이었다. 압살롬은 죽었고 그 형제 중 하나가 왕이 되어야 하는데 그 형제 중 가장 다윗의 사랑을 받고 체격이 크고 용모가 준수하고 지도력을 갖추어서(왕상 1:6) 자타가 인정하는 왕위 계승자는 바로 다윗의 넷째 아들 블레셋 여인 '학깃'의 소생 '아도니야'였다. 다윗의 총애를 받고 군부를 장악하고 있던 '요압' 장군이나 제사장 '아비아달' 역시 '아도니야'를 왕으로 옹립하는 데 앞장을 섰다(왕상 1:7). 그런데 아도니야가 부왕 다윗이 노쇠하여 죽을 때가 되자 너무 성급하게 왕위를 계승하려 하다가 솔로몬의 어머니 밧세바의 사주를 받는 반대파에 의해 역적으로 몰렸고, 밧세바의 치맛바람에 의해 다윗의 마음이 솔로몬으로 기울어 솔로몬이 왕권을 계승하게 되었다.

솔로몬이 왕이 될 당시 그는 정적(政敵)들에게 둘러싸여 있었다. 그래서 왕이 되자마자 그가 해야 할 최우선적인 일은 더 이상 반역이 일어나지 않도록 정적을 척결하고 왕권을 튼튼히 세우는 작업이었다. 더욱 그는 불륜의 여인 밧세바의 아들이었기 때문에 백성들조차 고운 눈으로 보지 않았을 것이고, 소위 권력의 정당성을 인정받기 힘들었을 것이다. 물론 밧세바의 정치력에 의하여 제사장 사독과 여호야다의 아들 브나야와 선지자 나단과 시므이와 레이와 다윗의 용사들은 그를 지지하기도 했지만 사실 왕궁 안에서도 그의 지위가 그렇게 든든한 것은 아니었다.

무엇보다 그는 정치에 대한 경륜이 없는 어린 사람이었다. 이런 취약한 형편에 왕이 되었기 때문에 그가 왕이 되자마자 해야 할 일은 참으로 바쁘고 급한 일들이 많았을 것이다. 왕권을 지키고, 백성들의 지지를 이끌어 내야 하고, 무엇보다 정적들을 복종케 하여야 하고, 언제 일어날지 모르는 국가 반역의 위험, 백성들의 소요, 정적들의 반역을 염려해야 했을 것이다. 솔로몬은 왕이 된 뒤 멋진 정책을 펴서 보란 듯이 정치를 하든지, 반대파를 제거하고 자기 왕권을 튼튼히 하여서 반대하거나 비난하는 자들을 꼼짝 못하게 해야 했을 것이다. 그러나 그는 멋지게 정치하는 것을 먼저 보여주려고 하지 않고 산당으로 가서 하나님께 먼저 일천 번제를 드렸다. 그가 묵묵히 제사를 드리는 것을 보고 정적들이나 정치꾼들은 아마 엄청난 비난의 화살을 퍼부었을지도 모른다. 솔로몬을 지지한 사람들조차 이상히 생각했을 것이고 많이 불안해했을 것이다. 아마 정적들은 "저 사람 왕이냐? 제사장이냐?"라고 비아냥거렸을 것이다.

솔로몬은 제일 먼저 하나님께 제사를 드렸다. 하나님이 우선이었다. 자기 왕권 보호보다, 정치적인 기반을 튼튼히 하는 것보다 먼저 하나님의 인정을 받는 것을 우선했다. 그의 일차적 관심은 하나님이었다. 그는 먼저 "그의 나라와 그의 의"를 구하였다. 그래서 이 모든 것을 하나님이 더해 주셨다. 그것이 솔로몬이 받은 축복의 원인이다. 솔로몬의 우선순위는 세상 그 무엇보다, 어떤 정책보다, 어떤 문제보다 하나님을 우선하는 그의 가치관이 바로 축복의 원인이 되었다.

교회 지도자 역시 "먼저 하나님의 나라와 그의 의"에 대한 정확한 우선순위를 가져야 한다. 모두가 다 하나님을 섬기며, 주일날 교회에 가서 예배드리고, 헌금을 드리고, 전도도 한다. 교회 지도자 중에 그것을 안 하는 사람이 어디 있겠는가? 문제는 그것을 가장 우선적으로 하지 않는다는 것에 있다. 교회를 가고 하나님을 섬기고 기도하지만, 시간이 있을 때만 기도하고 여유가 있을 때만 성경을 읽는 것이 문제이다. 다른 일을 다 한 다음에 하나님을 섬기는 것은 아무리 기도를 열심히 하고 주일성수를 해도 하나님을 기쁘시게 할 수 없다. 아무리 바빠도, 아무리 할 일이 많아도, 아무리 다급한 일이 있어도 먼저 하나님을 의식하고 하나님 섬김을 우선으로 하는 것이 중요하다. 일차적 관심이 하나님이 되어야 한다. 하나님께 우리 삶의 첫 번째 자리를 내드려야 한다. 하나님은 스스로 "질투하는 하나님"이라고 하셨다(출20:5). 우선순위를 빼앗기지 않으시는 하나님이시다. 좋은 지도자가 되기를 원하는가? 하나님을 모든 삶의 영순위에 모시고 섬겨라.

5) 섬김의 모범을 보여라

일반적으로 교육은 말을 통하여 이루어진다. 말에도 여러 가지가 있다. 입술에서 나오는 소리를 귀로 듣는 말이 있고, 문자로 쓰인 글이라는 말이 있고, 그림을 통하여 보여주는 눈으로 보는 말도 있다. 그런데 교회에서의 신앙생활을 가르쳐 주기 위해서는 또 다른 언어가 필요하다. 바로 몸으로 보여주는 '몸말'이다. 그것을 흔히들 '시범'이라고 한다. 곧 모범을 통하여 배우게 하는 것이다. 마치 훈련받는 군인이 교관의 강의만으로는 정확하게 이해하지 못할 때 조교를 시켜서 교관의 강의를 실제로 보여주어서 가르치는 것과 같은 의미이다. 군대에서 신병 훈련을 받을 때 참으로 많이 듣던 말이 "숙달된 조교가 시범을 보인다"는 말이었다.

사실 신앙을 가르치고 훈련하는 것도 목사의 설교라는 언어를 통하여 선포되기는 하지만 그보다는 먼저 믿은 성도들, 특히 교회 지도자들이 신앙생활의 본을 보여줌으로 성도들에게 믿음을 가르쳐 주는 것이 가장 쉬운 방법이다. 실제로 초신자들은 기존 신자들의 신앙생활을 보고 신앙을 배운다. 특히 많은 경우 여성도들은 권사의 신앙생활을 보고 신앙생활을 배운다. 권사는 성도들의 신앙생활의 '모범'이 되어야 한다.

성경은 "맡은 자들에게 주장하는 자세를 하지 말고 양 무리의 본이 되라"(벧전 5:3)고 한다. 성도들이 "신앙생활을 어떻게 해야 하느냐?"고 묻는다면 "저 권사처럼 하면 된다"라는 말을 들을 수 있어야 한다. 권사는 주일을 거룩하게 지키는 것이나 공예배에 참여하는 태도나 헌금생활, 성경공부, 전도, 봉사 등 모든 분야에서 좋은 모범을 보여주어야 한다. 입으로 하는 말이 아니라 몸으로 하는 말로 가르쳐 주라는 말이다.

항존직이 된다는 것은 때로는 십자가를 지는 일일 때도 있다. "부득이 함으로써가 아니라 자원하는 마음으로, 주장하는 자세가 아니라 섬기는 자세로, 입으로 하는 말이 아니라 행위의 모델로 지도력을 행사해야 한다." 자신이 하는 모든 언행과 신앙생활과 하나님 앞에서 행하는 모든 활동은 성도들에게 모범으로 보여지는 것임을 기억하고 섬김에서 "양 무리의 본"이 되어야 한다.

6) 받은 은사대로 섬겨라

권사의 직임 자체가 섬기는 직임이고 봉사하는 것이 그 직무이다. 이는 권사가 교회 공동체를 위해서 의무적으로 해야 하는 수고라기보다는 하나님으로부터 받은 은사를 사용하는 일이라고 할 수 있다. 봉사는 다양한 모습으로 나타나는 권사의 교회생활이라고 할 수 있다.

사람은 누구나 하나님으로부터 받은 특별한 능력이 있다. 이를 성경은 은사라고 한다. 사람은 다 하나님께서 주신 은사를 가지고 있고 그것을 하나님의 영광을 위하여, 교회와 성도들을 위하여, 나아가서는 이웃과 사회를 위하여 사용하게 된다. 이렇게 하나님이 주신 은사를 사용하는 것이 인간의 삶이다. 성경(롬 12:1-8)은 봉사 역시 어떤 허황된 영웅심이 아니라 하나님이 주신 믿음의 분량과 분수대로 자신의 은사를 사용하라고 한다. 하나님은 우리 각자에게 서로 다른 은사를 주어서 공동체의 조화를 이루게 하셨다. 권사가 교회의 지도자로 섬기는 직임이지만 모든 봉사를 다 할 수는 없다. 하나님이 자신에게 맡기신 은사대로 부지런하고 성실함으로 봉사하면 된다. 권사는 일반적인 직무로 교회를 섬기는 것은 물론 하나님께서 자신에게 맡기신 은사를 교회나 성도들을 위하여 잘 사용함으로써 권사의 봉사생활을 온전하게 하여야 한다. 봉사는 우선적으로 믿음의 가정들에게 하여야 하지만(갈 6:10) 교회 밖에 있는 이웃이나 사회를 위해서도 가능한 한 사랑을 베풀어서 세상의 빛과 소금이 되는 삶을 살 필요가 있다(마 5:16).

7) 섬김의 덕목을 갖춰라

"봉사 자체보다는 봉사하는 사람이 더 중요하다"는 말이 있다. "누구의 봉사인가?", "누가 하는 봉사인가?" 하는 것이 봉사 그 자체보다 더 중요하다는 말이다. 하나님은 아벨과 그 제사는 받으셨지만 가인과 그 제사는 받지 않으셨다(창 4:4-5). "드리는 제물이 무엇인가?"가 중요한 것이 아니라 "누가 드리는가?"를 중요하게 생각하셨다. 우리의 봉사 역시 그렇다. "누가 하는 봉사인가?"가 "어떤 봉사인가?"보다 더 중요하다. 봉사하고 섬기는 사람 자신이 봉사의 내용보다 더 중요하다는 말이다. 하나님은 아무 제사나 받지 않으신다. 교회의 섬김도 그렇다. 섬기는 사람을 섬기는 일보다 더 중히 여기신다.

그러므로 권사는 사역을 하고 섬기기 전에 먼저 자신이 하나님께서 받으실 만한 사람인지를 생각해야 하고, 또 자신이 어떤 봉사자인지를 생각해야 한다. 하나님은 일보다 일하는 사람을 중시하심을 알고 자신을 먼저 하나님이 받으실 만한 봉사자로 드려야 한다. 하나님의 일은 목적도 선해야 하지만 그 일을 이루는 수단과 방법도 선해야 한다. 결과보다는 과정이 더 중요하고 양보다는 질이 더 중요하다. 봉사의 실적보다 봉사의 자세가 더 중요하다. 교회를 섬기기 위하여 먼저 섬김의 바른 태도로 그 자신을 하나님께 드려야 한다.

(1) 순종

권사로 교회를 섬기면서 먼저 가져야 할 마음의 자세는 순종이다. 하나님께 순종하고, 섬기는 교회 목회자의 정당한 목회 정책에 순종하고, 무슨 일이든지 긍정적이고 적극적인 순종의 자세로 교회를 섬기겠다는 각오를 해야 한다. 그래서 장로교 권사는 임직시에 순종을 서약하고 임직을 받는다. 교회도 사람들로 이루어진 공동체여서 각자의 의견이나 주장이 있을 수 있고, 무엇보다 이해관계에서 생각의 차이가 있을 수 있다. 그러나 권사는 먼저 성경말씀과 교회법, 그리고 합의하여 세운 교회 원칙과 목회 정책에 대하여 순종하는 마음의 각오로 임해야 한다. 물론 교회 지도자로서 교회의 기본정책이나 목회, 성도들을 이끌어 가는 기본 원칙이 성경과 교회법에 맞는 정당한 원칙을 전제로 하는 말이다. 정해진 원칙에 따라 교회가 정상적으로 그 사명을 감당하려는 그 모든 일에 근본적으로 순종의 자세를 가져야 한다. 그것이 교회를 평안하게 하고 사명과 사역을 이루어 가는 바른 길이다.

하나님께서는 순종을 제사보다 더 낫게 여기신다(삼상 15:22). 순종한다는 말은 억지로 따라가는 것이 아니라 기쁨으로 적극적으로 수긍하고 받아들인다는 의미이다. 하나님은 의무감만으로 형식적으로 드리는 예배자가 아니라 진정성이 있는 예배자, 영과 진리(요 4:24)로 드리는 예배자를 찾으신다(요 4:23). 섬김의 극치라고 할 수 있는 예배를 진정으로 드릴 때 받으시는 하나님은 권사의 교회 사역 역시 하나님을 향한 온전한 헌신을 드릴 때 받으신다. 순종은 신앙생활의 기초라고 할 수 있다. 사람은 하나님의 명령에 순종함으로 복을 받는다. 또한 하나님은 순종하는 자에게 역사하신다. 그러므로 순종은 하나님께 귀히 쓰임 받고 교회를 세우는 교회 지도자의 중요한 자격이요 축복이다.

(2) 충성

성경은 맡은 자에게 충성을 요구한다(고전 4:2). 일을 맡겠다는 말은 충성을 하겠다는 약속을 동반한다. 충성되지 못한 일꾼은 이미 일꾼이 아니다. 성경은 충성된 종의 삶을 천국에 들어갈 조건으로 설명한다. 예수님의 천국 비유에서는 다섯 달란트와 두 달란트를 받은 자의 충성을 칭찬하면서 "잘하였도다 착하고 충성된 종아 네가 적은 일에 충성하였으매 내가 많은 것을 네게 맡기리니 네 주인의 즐거움에 참여할지어다"(마 25:21)라고 천국을 약속하셨다. 반대로 한 달란트를 받은 자의 불충성에 대하여는 "악하고 게으른 종"(마 25:26)으로 규정하고 "바깥 어두운 데로 내쫓으라 거기서 슬피 울며 이를 갈리라"(마 25:30)고 하셨다. 충성과 불충성은 칭찬이냐 꾸중이냐 정도가 아니라 천국과 지옥을 결정하는 또 하나의 중요 조건이다. 충성 역시 권사 임직시에 하나님과 교회 앞에 서약을 하고 임직을 한다.

교회 지도자의 기본자세는 충성이다. 곧 맡겨진 일에 전심으로 헌신하는 우직한 태도를 의미한다. 충성이야말로 맡은 직임을 잘 감당할 첫째 되는 능력이다. 일의 경중을 떠나 하나님의 일이라면 진정성을 가지고 겸손히, 그리고 최선을 다하여야 한다. 중요한 것은 "작은 일"(마 25:21)이라도 충성해야 한다. 소홀히 해도 좋을 만큼 작은 하나님의 일은 없다. 교회 지도자라고 다 유능한 것은 아니다. 모두가 다 능력의 한계가 있다. 다 잘할 수 있는 사람은 없다. 중요한 것은 자신이 받은 능력으로 자신에게 주어진 일에 대하여 최선을 다하는 것이다. 자신의 능력 때문이 아니라 충성된 헌신을 보시는 하나님의 은혜 때문에 일이 온전해지고 교회가 든든히 세워지고 하나님의 구원 역사가 풍성해진다. 충성되지 않은 종은 하나님의 종이 아니다. 충성이 권사, 그리고 교회 지도자의 중요한 덕목이다. 충성을 각오로 직분에 임하고 직분을 감당해야 한다.

(3) 겸손

지도자의 중요한 덕목 중에 또 하나는 겸손이다. 겸손은 하나님 앞에 자신을 세우는 신앙태도이다. 교회 지도자가 되기 위해서는 하나님의 부르심도 있어야 하지만 어느 정도 교회의 인정을 받고 성도들로부터 지도자로 인정을 받아야 한다. 장로교의 경우 권사는 공동의회에서 공식적으로 참석회원의 과반수의 선택을 받아서 선출된다. 권사가 된다는 것은 평소에 교회에서 인정을 받고 잘 알려질 정도의 지도력을 가진 사람이고 이미 봉사를 인정받은 사람이라는 의미이다. 도덕성도, 능력도, 그리고 신앙심도 인정을 받아야 한다.

교회 지도자는 세상의 다른 단체의 지도자와는 달리 기본적으로 존경을 받아야 될 수 있고 존경을 받아야 할 수 있다. 권사직이 임명이 아니라 선출이기 때문이기도 하다. 그래서 교회의 지도자로 선택이 되고 임직을 받는 것은 영광스러운 일이다. 특히 그가 먹고 사는 세상 일이 아니라 교회를 섬기고 하나님의 나라를 세상에 세워가는 거룩한 일에 부름 받은 것이므로 상당한 자긍심을 가질 만하다.

그럼에도 불구하고 무엇보다 중요한 것은 겸손이다. 하나님 앞에서는 물론이고 사람들 앞에서도 겸손을 인정받아야 한다. 권사는 늘 사도 바울처럼 "나의 나됨은 하나님의 은혜로 된 것"(고전 15:10)이라는 철저한 은혜 의식이 있어야 한다. 자신이 어떤 특별한 은사를 가졌다고 해도 그 은사는 하나님으로부터 받은 하나님의 것이고 자신은 그 은사를 관리하는 청지기일 뿐이라는 사실을 자각할 수 있어야 한다. 뭔가 남다른 지도력이 있다고 해도 그것은 하나님으로부터 은혜로 주어진 것임을 인정할 줄 아는 겸손이 필요하다. 선천적인 능력도 하나님이 주신 것이고, 또 성령의 역사를 통해 얻어진 특별한 은사라고 해도 그것은 하나님의 특별한 은혜이지 자신이 만든 것이 아니기 때문이다. 하나님께서 자신에게 주신 은사는 봉사하고 섬기라고 맡긴 것이지 자신만이 누리고 과시하며 이기적인 자기 목적을 위하여 사용하라고 주신 특권이 아니다. 그 은사와 능력과 직분은 하나님께서 잘 섬기라고 맡기신 것이고 자신은 다만 그 은사와 능력의 청지기일 뿐임을 기억해야 한다.

성경은 "내게 주신 은혜로 말미암아 너희 각 사람에게 말하노니 마땅히 생각할 그 이상의 생각을 품지 말고 오직 하나님께서 각 사람에게 나누어 주신 믿음의 분량대로 지혜롭게 생각하라"(롬 12:3)고 권면한다. "마땅히 생각할 그 이상의 생각"을 품지 않아야 한다. 하나님으로부터 거저 받은 "은혜"임을 기억해야 한다. 지도자에게 있어서 가장 무서운 것은 교만이다. 그야말로 "교만은 패망의 선봉이요 거만한 마음은 넘어짐의 앞잡이"(잠 16:18)이다. "사람의 마음의 교만은 멸망의 선봉이요 겸손은 존귀의 길잡이니라"(잠 18:12)고 하신다. 하나님은 교만한 자를 물리치시고 겸손한 자에게 은혜를 주신다(약 4:6).

교만은 하나님이 가장 싫어하시는 삶의 태도이고, 사람들 역시 교만한 자를 싫어한다. 그야말로 패망의 선봉이다. 거의 모두가 처음 직분을 맡으면 상당히 겸손한 태도로 섬긴다. 그러다가 그 직분이 익숙하고 권위나 힘이 생기고 사람들의 박수갈채를 받으면 자신도 모르게 오만해지고 어깨에 힘이 들어가고 말투가 바뀌고 생각이 교만해지게 된다. 그것이 굳어짐으로 교회에 많은 폐해를 주기도 한다. 교회 지도자는 언제나 자신의 직분이나 능력, 그리고 남다른 은사는 다 위로부터 임한 하나님의 은혜임을 기억하고 부끄러움 없이 겸손히 섬겨야 한다. 권사는 겸손한 마음과 태도로 섬겨야 한다.

(4) 성실

성실은 인간 성격(Charakter)의 기본적 특질이며 본질적인 것이다. 성실은 모든 헌신을 가능하게 하는 기본정신이다. 충성도 성실함으로 가능하고 순종도 성실함으로 가능하기 때문이다. 성실 없이는 헌신 역시 불가능하다. 성실은 단순히 부지런함만을 의미하는 것이 아니라 진정성을 의미하며 정직성을 동반한다. 어떤 상황이나 자신의 유익에 따라 일하는 것이 아니라 어떤 상황에서도 하나님의 신실하심을 믿고 나아가는 것을 말한다. 그것은 하나님에 대한 신뢰를 전제로 하기도 한다. "이(利)"를 따라 움직이는 것이 아니라 "의(義)"를 따라 움직이는 것이다. "의(義)"에 대한 신뢰를 가지고 일관성 있게 생각하고 행동하는 것이다.

외모가 아니라 중심을 보시는 하나님께서는(삼상 16:7) 겉으로 드러나는 모습이나 능력보다 성실한 중심을 보시며 그의 신실함을 보고 쓰신다. 사람도 "믿을 수 있는 사람"을 찾듯이 하나님께서는 그 중심의 신실함을 보시고 그를 통하여 역사하시고 그에게 소중한 일을 맡기신다.

교회 지도자가 자기 직분에 성실할 때 작은 일에도 소홀하지 않고 충성되게 일하게 된다. 남이 알아주거나 말거나 상관없이 오직 하나님을 바라보며 자신의 사명에 충실하게 된다. 성도가 하나님의 성실하심을 믿고 소망하듯이 교회 지도자인 권사 역시 직분에 임하는 자세가 성실해야 한다. 하나님께 대한 태도가, 하나님의 사역에 임하는 자세가 성실해야 한다. 사람들에게 보이기 위함이 아니라, 자기 실적이나 공로를 높이기 위해서가 아니라 하나님 앞에 신실함으로 사역에 임하고 성실함으로 섬겨야 한다.

(5) 정직

사람의 신뢰는 정직성에 달려 있다. 그리고 이 신뢰가 지도자 상호 간에 사심 없는 협력과 하나됨을 이룰 수 있고 역사를 만들 수 있다. 정직함이란 자기 부족함을 인정하는 것과 같다. 자신의 공로나 능력이나 일을 과장하고 싶은 유혹으로부터 자신을 지킬 수 있는 능력이다. 사람이 정직하지 못함은 자신을 과장하고 싶은 유혹 때문이다. 유능하지 못하면서 유능한 것처럼 보이려고, 잘 못하면서도 잘 하는 것처럼 보이려고 하는 데 정직을 상실하는 원인이 있다. 정직에 반대되는 개념을 거짓 혹은 허위라고 한다면 거짓을 행하고 허영에 빠지는 이유는 자기 능력이나 자기 수고를 과장하려는 욕심 때문이다. 교회 지도자는 누구나 하나님 앞에 정직하게 자기 부족을 인정하고 하나님을 바라며 하나님의 도움을 구하고 하나님의 능력으로 사역을 감당할 수 있어야 한다. 하나님은 우리의 부족함을 잘 아시면서도 우리를 권사로, 지도자로 세우셨다. 하나님은 우리가 하나님이 공급하시는 힘으로 그 직임을 감당하기를 원하신다. 하나님은 우리가 완벽하거나 완전함 때문에 우리를 지도자로 세우신 것이 아니다.

그래서 교회 지도자는 자기가 받은 달란트가 얼마이든 간에 착하고 충성되게 그 일을 정직하게 감당함으로 하나님께 쓰임 받아야 한다. 하나님이 원하시는 것은 우리의 능력이 아니라 하나님 앞에 바로 선 정직함이다. 정직하게 일할 때 신뢰를 얻고 함께할 수 있고, 무엇보다 서로 믿고 서로 나누고 서로 세워 줄 수 있다. 정직함으로 교회를 섬길 수 있어야 한다.

(6) 기쁨

기쁨은 구원받은 그리스도인이 가지고 있는 일반적인 정서이다. 그리고 교회 지도자의 섬김은 기쁨을 배가시킨다. 기쁨은 교회 지도자의 삶의 표현이다. 그 기쁨은 어떠한 경우에도 빼앗기지 않는 특권이기도 하다. "기쁨의 원인이 어디 있느냐?" "왜, 무엇 때문에 기뻐하느냐?" 하는 것은 그의 가치관의 표현이다. 무엇을 가장 귀히 여기고 무엇을 가장 중히 여기는가에 따라 기쁨이 달라질 수 있기 때문이다. 사람들은 흔히 자기 성취나 자기의 행동으로 인하여 박수갈채를 받거나 존중히 여김을 받을 때 기뻐한다. 그러나 교회 지도자는 인격 자체가 기쁨으로 가득 차 있고, 무엇 때문이 아니라 존재 자체가 기쁨의 존재 이유가 된다. 조건에 따라 기쁨이 변하지 않는 항상 기뻐하는 것이 그리스도인의 삶이다(살전 5:16). 성경은 이 기쁨(희락) 역시 성령의 열매라고 한다(갈 5:22). 억지로 기뻐해야 하는 의무이기보다는 마음속에서 솟아나는 샘솟는 기쁨이 그리스도인의 기쁨이다. 그래서 교회 지도자인 권사는 항상 기쁨, 샘솟는 기쁨으로 교회를 섬겨야 한다.

지도자의 참된 권위는 힘에 있는 것이 아니라 섬김에 있고, 지배하는 자가 주인이 아니라 섬기는 자가 일의 주인이다. 하나님의 부름을 받아 평생을 교회 지도자로 살아가려는 모든 권사는 섬기는 자의 자세와 태도로 교회를 섬겨야 한다. 거기에 능력이 있고 거기에 역사가 나타나고 하나님은 그를 통하여 그리스도의 몸, 곧 교회를 세워가신다.

마치면서

권사는 주님의 교회의 영광스러운 직분이다. 하나님의 부르심이 그렇고 교인들의 선택이 그렇고 맡은 직임이 그렇다. 이름 없이 빛 없이 한국교회를 세워온 신실한 하나님의 종들의 후예이다. 앞으로 한국교회를 세워가야 할 충성스러운 교회의 저력(底力)이기도 하다. 근래에 와서 권사가 또 하나의 교회의 권력이 되고 정치 세력화의 위험이 있다는 염려도 있지만 앞으로도 하나님께서는 신실한 권사들을 통하여 교회를 지켜갈 것이고 성도들을 세워갈 것이다.

그래서 저자는 모든 성도들과 함께 다시 권사들이 그 영광스러운 직분의 자리를 더욱더 든든히 지켜 주기를 바라고 기대한다. 무엇보다 목회자들의 든든한 후원자가 되고 성도들이 의지하고 기댈 수 있는 믿음의 어머니로 든든히 서기를 소망한다.

오늘 우리 시대의 사회적 변화와 하나님으로부터 점점 더 멀어져 가는 시대정신을 보면서 우리나라 초대교회를 세워오신 권사님들의 그 헌신이 다시 살아나기를 기대해 본다. 한국교회를 더욱더 온전히 세워가고, 오만한 세속의 물결이 더 이상 교회를 위협하지 못하도록 교회의 방파제의 역할을 능히 감당해 주기를 기대한다.

권사학, 권사의 섬김의 길잡이가 되기를 위해 쓴 이 책에서 제시한 권사의 섬김이 실제로 교회 현장에서 권사들을 통해서 실천되고 또 그 능력이 유감없이 발휘되기를 기대한다. 아무리 좋은 이론이 있고 또는 기대가 있어도 헌신이 없고 절절한 진정성이 없다면 허망한 꿈이 되겠지만 저자는 우리 한국교회의 권사들을 믿는다. 그래서 이 책을 읽는 권사들이 권사로서의 소명을 더욱 확실히 하고 권사로서의 헌신을 더욱 극대화해서 성도를 온전하게 하여 봉사의 일을 하게 함으로(엡 4:12) 그리스도의 몸인 교회를 든든히 세우게 되기를 기대한다.

문제는 권사 스스로가 바로 서서 유능한 교회 지도자로 쓰임 받아야 한다는 것이다. 좋은 나무라야 아름다운 열매를 맺을 수 있다(마 7:17). 열심히만 하면 다 되는 것이 아니라 제대로 해야 된다. 방향이 틀리면 열심히 할수록 더 많이 잘못되고, 빨리 달릴수록 더 멀리 잘못 가게 된다. 정확한 방향으로 정확한 방법으로 최선을 다할 수 있어야 한다. 그래서 바울은 디모데를 향하여 "너는 진리의 말씀을 옳게 분별하며 부끄러울 것이 없는 일꾼으로 인정된 자로 자신을 하나님 앞에 드리기를 힘쓰라"(딤후 2:15)고 권면했다. 진리의 말씀을 옳게 분별할 수 있어야 한다. 바르게 알고 열심을 내라는 것이다. 바르게 아는 것이 우선이다. 그래서 먼저 자신이 "부끄러울 것이 없는 일꾼으로 인정을 받아야 한다." 그 다음에 하나님께 헌신해야 한다.

본서는 권사들의 교회 섬김의 방향과 길을 안내하기 위하여 저술되었다. 권사 스스로를 바로 세우는 일에 도움이 되기를 바란다. 그래서 권사들이 부끄러울 것이 없는 하나님의 일꾼으로 인정을 받아 하나님께 자신을 드리기를 힘쓸 수 있기를 바란다. 권사는 자신을 하나님께 드리기를 힘써야 한다. 마음도 목숨도 뜻도 힘도 다해서(마 22:37) 자신을 하나님께 드리기를 힘써야 한다. 그러기 위해 정확한 방향으로, 정확한 방법으로 나아가야 한다.

무엇보다 더 중요한 것이 있다. 겸손히 하나님의 능력을 힘입고 성령의 역사 안에서 쓰임 받아야 한다. 수많은 한계 안에 있어 자신의 노력이나 능력만으로는 이 거룩한 직임을 감당하기 어렵다. 아무리 잘 달리는 사람도 자동차를 따라갈 수 없고, 아무리 잘 달리는 자동차도 비행기를 따라갈 수 없다. 아무리 유능한 인간도 자신의 힘으로는 온전한 선을 이루기가 어렵다. 하나님의 능력, 성령의 역사 안에 있어야 한다. "하나님의 어리석음이 사람보다 지혜롭고 하나님의 약하심이 사람보다 강하니라"(고전 1:25)는 역설을 귀담아 들어야 한다. 성령의 능력 안에 있음이 가장 지혜롭고 가장 유능하고 가장 효과적이고 가장 위대함을 기억해야 한다.

결국 교회 사역은 하나님의 부르심을 받아 하나님께 헌신하여 하나님의 능력으로 하나님의 뜻을 이루는 일이다. 사역자는 다만 하나님의 뜻을 이루기 위한 도구로 쓰임 받을 뿐이다. 그래서 권사는 겸손히 자신을 하나님께 드려 하나님의 나라를 위하여 하나님께 쓰임 받아 하나님의 뜻을 이루는 존재이다. 하나님의 부르심에 응답하여 세워진 그리스도의 종으로서 자신을 주님께 드려 주님의 뜻을 따라 최선을 다하는 삶을 살아야 한다. 세상이 알아주지 않고 이름도 없고 빛도 없어도 무익한 종이 쓰임 받는다는 감사로 최선을 다하여야 한다(눅 17:10).

언제나 늘 새삼스러운 마음으로, 처음 하는 사람처럼 매일매일 새 일을 하는 마음으로 자신을 드려야 한다. 평생을 권사로 섬기지만 습관적인 지루함이 아니라 새삼스런 신선함으로 그 직임을 감당해야 한다. 비단옷도 낡아지면 걸레가 되고, 맛있는 음식도 썩어지면 쓰레기통에 버려지고, 화려한 꽃도 시들면 거름더미에 던져지고, 아무리 비싼 물건도 고장나면 버려진다. 그러므로 늘 새삼스러운 마음으로 임직받을 때의 그 감격과 결심으로 하나님으로부터 받은 사명을 잘 감당해야 한다. 결국 착하고 충성된 종으로 하나님 앞에 설 수 있어야 한다. 그래서 자신을 권사로 세우시고 평생을 동행하며 힘주신 하나님께 영광을 돌리는 권사의 섬김이 되어야 한다. 권사, 스스로가 그 직분을 영광스럽게 만들어야 한다.